아마존으로
가는 길
　아시나요

목차

- 8 아마존으로 가는 길
- 10 내가 있다는 것은…
- 12 행복을 듬뿍 담아…
- 14 이 세상에 기대인 어진 사람들
- 16 대지의 숨결
- 18 가고 오는 세월의 길목에 서서
- 20 마음이 머무는 곳
- 22 그해 11월 초 피어난 흰 꽃 야생화
- 25 사랑으로
- 26 아 이 작은 필연 앞에
- 28 오던 길 되돌아가면
- 30 그 많던 길고양이들은 어디에 있을까
- 32 너와 난 어떠한 모습으로 이 세상을 살까
- 34 이런 이웃과 이런 사랑이었으면 얼마나…
- 36 얼마만큼 더 아파야 할까
- 38 숲속 오솔길
- 39 조용히 책장 넘기듯…
- 40 비상하는 이에겐 날개가 있답니다
- 42 아름다운 마음을 가진 이와 따뜻한 차 한잔하고 싶은 날
- 44 벗이여 행복한 거니
- 46 그리운 친구야
- 49 이 세상 꺾이지 말고 휘어져야 해요…
- 50 행복하게 살고 있었는 줄 알았는데
- 51 비밀 정원으로 가는 설레임…
- 52 겨울 어느 날의 풍경
- 54 함정
- 56 백장미 정원엔 백장미 한 송이쯤 피어 있을까
- 58 바람과 빛
- 60 행운의 네잎클로버
- 63 인생길… 머물고 싶은 곳
- 64 한옥에 스며있는 향기
- 68 겨울엔 산새들 어디에 있을까
- 70 산자락 오두막집

72	보인다	108	오랫동안 갇혀있던 새장의 새
74	어여쁜 그대들이여	110	이해 충돌
76	노인을 위한 나라는 없다	112	들꽃
78	섬	113	대지의 한낮의 꿈
80	사랑한단 말	114	어느 이름 모를 소녀에게
81	이렇게 이 세상에 서 있습니다	116	별님들이 속삭이듯 들꽃들의 이야기
82	바람 소리엔 다 알 수 있는 비밀이 있네요	118	유리벽 너머
84	이별은	120	비바람 부는 어느 날
86	진달래는 수줍은 처자의 미소	122	우주 1
88	여자의 일생	124	우주 2(우리는)
90	여자 여자의 불리우는	126	배웅
92	파란 하늘 닮은 이웃들이 있기에	128	아무도 기다려주지 않는다
94	도시여 안녕	129	우화(羽化)
96	우린 초대받은 초대받지 못한 손님처럼	130	그대들 행복해져야
98	천 개의 바람	131	여름 한낮의 꿈
		132	특별한 사람이고 싶습니다
100	아름다움은 그 어디에나	134	아이들은 부모님을 사랑한다
102	지금 이 허허로운 들녘	135	아이들엔 빛처럼 친근힌 꿈과 희망을
104	말과 대화		
106	시간의 흐름	138	밤에 기대어
107	우연과 필연	140	이 세상 그래도 빛처럼 찬란하지 않은가요

142	별처럼 수많은 나날들	176	난 알고 있습니다. 오직
144	이 많은 사람 중에. 너와 나 우린	178	섬 하나 되어 원시림이고 싶다
145	지금 이 한순간 소중하기에	179	내가 행복했을 때
146	태풍이 지나간 자리	180	자신의 중심에 서서 세상을 본다
148	겸손함이 때론 초라함으로 보일지라도	183	시새움이란
		184	시간에 기대인
150	문밖에는 동, 서, 남, 북으로 가는 길…	186	새벽을 여는 사람들
		188	삶 속의 의미
152	사랑하는 이 되어보소서	190	그대들의 이 세상 살아가는 모습 아름답습니다
154	우리 웃는 모습이 얼마나 아름다운지		
		192	제일 먼저 하고픈 이야기
156	길벗	194	눈이 내리는 풍경
158	태양은 떠오른다. 태양을 보라	196	이젠 집으로 갑니다
160	산에 있을 산삼 이야기	198	존재만으로도
162	지금에야 알았습니다	200	영혼
164	지금에야 알았습니다 2	201	단면만 보고 있을 때
166	가을에 받아보는 주소 없는 편지	202	가는 올 한 해 조용히 보내드립니다
168	미운 정, 고운 정의 차이	203	이 세상 다 잃는다 해도 이 한 가지만은
170	부족함이 지혜와 현명함을 만났을 때		
172	이만하면 이 세상 살만하지 않은가요	204	말과 대화의 차이
		206	말과 대화의 차이 2
174	큰 고래는 꿈꾸는 이들의 꿈에서 꿈을 꾼다		

207	사랑한단 말. 지금이라도	238	제 가끔의 삶의 무게
208	말과 대화의 차이 3	240	길을 묻 거 든…
210	메아리	242	어느 날 투정 부리고 싶은 날
212	물 방 울	244	벗이여. 우리가 달려온 저 초원으로 달려가 볼까
214	마음의 동요	246	사랑으로
216	우리가 이뤄내지 못할 것은 아무것도 없네요	248	우린. 서로 스쳐 간 자리
217	봄이 오려는 길목에 서서	250	어머니. 밤하늘에 둥근 달이 떠 있습니다
218	사람 사람 사람은	253	마음은 그대로인데요
220	골목길	254	번갯불 일 때마다 번갯불에 석이버섯은
222	세상에서 본 가장 아름다운 생명체	256	돌담
223	봄의 소리	258	빗소리
224	어느 우울한 날	260	소슬바람 지나가는 뒤꼍엔 솔바람 소리
226	요요 작작	262	첫걸음
227	회전목마	264	나이는-
228	사람들은 자신을 타인들을 얼마만큼 사랑할까	266	그 길이 아니라도 또 다른 길
230	누구나 한계를 느꼈을 때 하고 싶은 말	268	바다에 들어가 섬 하나 되고 싶다
232	수호의 날 잊지 않으리오	270	우린 지금
234	특별한 사람이고 싶습니다 2	271	비 내린 뒤 꽃나무 잎새 싱그럽지요
236	시간은 지나간다. 시간은 간다		

272	우린 웃는 모습이 아름다워요	303	아버지 어머니 눈이 옵니다
274	내일을 위하여 꽃씨를 심으렵니다	304	언제 해도 언제 들어도 좋은 말
276	태풍이 오기 전 고요와 정적	306	마음의 온도
278	소녀여, 소년들이여	307	꽃비가 내리는 날이면
280	눈에 보이는 것, 눈에 보이지 않는 것의 존재	308	착하고 어진 이들
281	깊은 산에는 누가 살고 있을까?	310	섬
282	괜찮아요. 지금도 잘하고 있답니다	312	3월의 어느 바람 부는 날
284	미안하다 친구야	314	파초의 꿈
286	먼 길 떠나는 이들이여	315	공허로움
288	공존	316	목련이 피기까지
290	자신들만 모르는 아름다움. 아름다운 소녀들이여	318	지구의 온도
292	내 어머니	320	뒤안길
294	야생화와 들고양이	321	힘을 지닌 사람들
296	뒷모습	322	복주머니 하나쯤
297	들국화 같은 벗이여	324	언어의 독설 1
298	삶의 조건일까? 소녀여	326	언어의 독설 2
299	마음의 정원	328	언어의 아름다움 그리고 독설
300	우정	330	초여름의 한낮이랍니다
302	그리워지는 것	331	가을은 저만치 오고 있네요

아마존으로 가는 길

지구
자전 공전
보다
더 빠르게 회전하는
인간 두뇌
아직은
인간 두뇌에 뒤떨어진
인공지능

만들어진
우아함과
아름다움
이라 해 두자

무지개를
꿈
꿀 틈이 없다-!!!

그래서
오늘도
아마존으로 가는 길을 묻고 있다

혹시
아마존으로 가는 길을 아시나요-??

"아마존으로 가는 길 아십니까"

내가 있다는 것은…

때론
내가 있다는 것을
아무도 몰라 주기를

흰 구름 머무는 곳
소슬바람에도
온몸을 떨어 대는
들꽃처럼~~

번갯불 일 때마다
조금씩 조금씩
자라난다는 살아간다는
들돔에 기대인
버섯, 석이는
으르릉 천둥소리에
그때야 잠에서 깨어나
세월의 순간들을 벗 삼아
스치는 숨결들에
무엇을 전하려 했을까~?
무엇을 꿈꾸며 살아 버틸까~?
천연하고 아름다운
석이버섯은~~

그 속에서 우주를 본다

때론
내가 있다는 것을
아무도 몰라 주기를…

행복을 듬뿍 담아…

먼
산봉우리엔 흰 눈이
뜨락엔 나목들이
못다 한 이야기처럼
낙엽을 소복이
차향이 피어오르는 흙담집에서
그리운 친구에게
긴긴 편지를 쓰고 싶은 하이얀 겨울

잘 있느냐고
잘 있노라고~~
벗이여
지금은 지금은 행복한데
행복하지 않다면
행복을 듬뿍 담아 보내주겠노라고요

쉴 곳을 찾아 헤매이는
영혼처럼
어디쯤 가고 있는 것은 아닐는지 아니일까?
가끔은
살아온 길 뒤돌아보고
내세울 것이 없었다 해도

살만한 나날이 아니었던가 하고
그냥
그 자리에서 뒤돌아온 길
앞에 펼쳐진 나날들 날들에
되뇌어보면 어떠할까~!
가끔은
슬프기도 하고
외로웠지만
고마웠노라고 감사하며
행복했노라고
그리고
행복할 것이라고
그렇게
그렇게 긴긴 편지를
하고픈 말 끝도 없지만

이 세상에 기대인 어진 사람들

이 세상 사노라면
어둠에 기대인 어진 사람들
고개를 떨구지 말아요
눈을 들어
저 광활한 들판을 보시게

이 세상 돌고 돌아
이해하기, 받기 이전에
크고 작은 힘든 일 없겠느냐마는
두려워하지 말아요
미안해하지 말아요 어진 이들
어진 이들 탓이 아닌 것을요
어느 누구의 잘못도 아니라네요
이해하기 이전에 분노하며
뒤집어 전가하려는 것은 자신이
잘못했다는 것을 인정하는 것이지요

꼬맹이가 달리다 넘어져 아픈 다리 부여안고
으앙 울어보려 했으나
옆에는 아무도 없어 보아주는 이 없어
툭툭 털어낸 다리 절룩이며 씩씩하게
어디를 가고 있었던 것일까?

꿈을 꾸어요 마음껏
소망을 이루리라
큰 소리 외쳐 말하여 보아요
어진 이들 고개를 숙이지 말아요
이 세상
오고 가는 길 험하다 해도
아직은 마음을 열면 못다 한 예쁜 이야기
그래도 한세상 살만하지 않은가 하고요
어진 이들 미안해하지 말아요
어느 누구의 잘못도 아닌 것을요
왜 이다지도
고개 숙인 사람들이 많은지요

대지의 숨결

바다는
바닷가에 사는 사람은
바다를 닮고

강은
강가에 사는 사람은
강을 닮지요

호수는
호숫가에 사는 사람은
호수를 닮나 봐요
그렇게 그렇게
어우러져 살아온 서로를 닮은 이들

바닷가
강가
호숫가 언저리에서 머물렀던
대지의 숨결이여~~
깊은 숲
어디선가
능선을 스치고 지나온 바람이여

하늘을 닮고 싶어
들녘의 한 그루 나무가 되어
하늘을 우러러봅니다

가고 오는 세월의 길목에 서서

잃어버린
버려지는 것
잊혀지는 모든 것에는
시리운 침묵 같은 아름다움이 있읍니다

그제는
어딘가 창가에
어제는
어느 마음에
오늘은
누군가 손끝에
지금은
허허러이 잊혀지어
잃어버린 시간에 기대인 소중한 흔적들

한때는
찬란했을 그즈음
따뜻한 손길로 꼬옥
가슴에 담겼을 나날들
마음 한구석
귀하고 안쓰러운 것은요
기억 속

파편처럼 남아있는 것을요

버려진 것에는
후회와 되돌리고픈
그리움 같은 설레임도 있지요
잊혀지어
잃어버린 세월에는
심연 같은 고요가 있읍니다

우주
어느 공간에
초록빛 유성 같은
그런
아름다움도 있읍니다

현실의
불확실한 생활의 혼돈 애써 감추려 하는
이 세상
아픔 아픈 이들의 서러운 모습들 앞에
숙연해집니다
기적은 저만큼 오고 있네요
마음을 꼭꼭 담아요
마음 잃어버림 안 돼요
기적을 믿어요

마음이 머무는 곳

오
라
는 것은
소중한 것을 내어주고픈 것이고요

뒤
돌
아
서는 것은
더 이상 내어줄 것이 없기 때문인가요!

오는
이
막지 않고
가는
이
붙잡지 않으려마는요

왜
이다지도 서러울까
왜
이다지도 세상은

그래도
세상은 아름다울까요!

그해 11월 초 피어난 흰 꽃 야생화

찬
서리 내리고
설악산 설악동에 첫얼음 얼었다는 소식
개나리도 철없이
어느 집 마당에는 목련 한 송이
상실의 시대에 계절도 혼돈

거실 창문을 여니
잔잔한 흰 꽃들이 피어있네요
웬일일까?
올해는 유난히도 잡초들이 무성하더니
서리 내린 지금에 피어나는
야생화들은 왜 다 흰색일까요?

보는 이로 서러워 어찌하라구요
한낮의
따스함은 있으려마는요
밤사이
새벽에 찾아드는 차가움은 어찌하려구요

제겐
가을을 닮은

들국화 같은 친구가 있지요
음악 노래가 담긴 영상을 보내왔기에
글을 보내다가요
무심이 내다본 창가에 푸르른 소나무 있어
겨울을 품은 겹쳐오는 얼굴들
그리운 이들

제집은
산기슭 산자락에 있어
산이 시작인 곳이 제집 정원인 양
동그라니 안산을 이루고 있지요
보이는 곳
가까운 곳에 큰 꽃다발처럼 잔잔하게
흰 꽃 야생화들이 피어있어 신기했는데
군락이라기보다는요 여기저기
흰 꽃 야생화들이 일제히 피어오르는 것 같지요
처음엔
나무들 사이로 들어오는
햇빛의 착시 현상이 아닐까 싶었는데
바람이 불어오니 잡목 옆에도
나무 등 뒤에서도 여기저기 많이도
피어있는 모습이 보이었지요
피어있던
꽃들의 연속이 아니라 찬 서리 내린
그즈음

새로이 핀 꽃이었지요
첫눈이 내린 그날에도요
눈을 온몸으로 맞으면서요

대지는
자연의 숨결은
무엇을 말하고 있는 것일까요?
좋은 일
앞으로 기적처럼 기쁜 일만 있음 좋겠지요
우리에게 주어진 나날들
평정과 평안함을요
이루어 달라는 큰 소망도 있지요

사랑으로

사랑
은
여러 모습으로 다가오는 것

그중
에
하나는

사랑하는 사람
사랑하는 것을
사랑할 수 있는 것을요

전태일 열사
아름다운 청년
무엇이 그리 어두워
무엇이 그리 서러워
자신의 몸을 불티로 내놓았을까!!!

아 이 작은 필연 앞에

오늘
은
왠지 그럴듯해
누구 한 사람쯤 만나도 괜찮을 것 같은 날
은
아무도 못 만나고

오늘
은
왠지 만사 시무룩
아무도 만나고 싶지 않은 날
은
"어머. 이게 누구야!!"
벌써
너와 나
발 없는 말은 저만치 가고 있다

누군가
보아주면 얼마나 행복할까 그런 날은
아무도 만나지 못하고
아무에게도 모습 보이고 싶지 않은 날은
누군가

꼭
보아준다. 보고 있다. 만난다

아 이 작은 필연 앞에
오늘을 맡긴다
그리고
누가 무어라 해도 행복해야지요

오던 길 되돌아가면

앞
만
보고 달려온 세월
뒤돌아보니

내
사랑했던 사람들
어디에 있나

어디에 갔나
어디에 있을까?

오던 길
되돌아가면

내
사랑했던 사람들
그 자리에

그대로 있을까?
얼마만큼 변하여
그냥 있을까?

아직도 잔설이
키 작은 사철나무에도 잔디 위에도
그냥 있는 것은요
날씨가 차가운가 봅니다
옷깃을 여미세요
마음도 꼭꼭 여미셔요

그 많던 길고양이들은 어디에 있을까

이 추운 겨울날
그 많던
길고양이들은
어디로 갔을까 어디에 있을까
그중에
그해 5월에 본 아기고양이

아침
창가에 선다
잘들 잤어!
나무들에 인사를 한다
무심코
본
잔디밭에 손발만 하얀 아기고양이
혼자
등을 웅크린 채 그대로 있다
나도
등을 구부린 채 가만히 들여다본다

요새는
보기 드문 보랏빛
작은 나비가 날아오른다

점점
더 높이 날아오른다

곱게 자라난 잔디밭에서
잔디
초록색 빛깔을 닮은 눈을 가진
아기고양이도 뛰어오른다
보랏빛 나비만큼
초록빛 눈을 가진
검은 아기고양이도 날아오른다

창문을 활짝 연다
기다렸다는 듯
창가에 매달려 있던
향기
쏴아 밀려 들어온다 그날엔
이
추운 겨울에
아기고양이 어디에 있을까?
그 많던
길고양이 그 틈에 같이 있을까?
같이 있겠지요

너와 난 어떠한 모습으로 이 세상을 살까

이
세상
살다 보니

곰이
재주 부리고

여우가
자기
꾀에 넘어가네요

곰이
곰같이만 살고
여우가
여우같이만 살란 법 없지 않은가요

여우가
곰 닮은꼴 살아보고
곰이
여우 닮아 살아보고요

곰 같은 며느리보다

여우 같은 며느리가 더 좋다는
옛님들의 이야기
또는
여우 같은 마누라에
토끼 같은 내 새끼
어떻거나 여우가 앞장섰네요!

한때는
곰 같이 살아보고
때론
여우처럼 살아도 보며 두리뭉실
이 한세상
착하고 선하고 성심껏 살 수만 있다면요
곰 여우처럼요

눈에 보이는 것만이
법이라 하는 세상에서요…

이런 이웃과 이런 사랑이었으면 얼마나…

땅
끝자락에

흙
담집을 짓고

먹
거리 심어진
작은 텃밭

아름다운 이여
찬란한 빛 속으로
걸어서
내게로 오소서

앞마당
빛
좋은 곳에
암탉은 병아리 품고
소슬바람 지나는
뒤꼍엔
솔바람 소리

해
질 무렵이면 서둘러
저녁밥 짓고

밤이면
두 손
모아 가슴에 품고

아름다운 이여
무릎에
살며시 기대이면

내
등에
가만히
손 얹어줄 사람

이런 이웃
과
이런 사랑이 있었으면

얼마만큼 더 아파야 할까

난
나같이
모든 사람들이
사는 줄 알았네요

배고프고
서럽고
아프고
외로워 울고 있을 때

가끔은
기쁘고 즐거워 행복하면
나 이래도 되나~

모든 이들
다
나같이 같이
꾹꾹 누르고 고생이라 생각지 못하고
그렇게
살아 버티는 것으로 알았단 말이에요…

재래시장도

항상

사람이 붐비던 곳인데도요

스치고 지나가는 사람들이 뜸한 것 같아요

바이러스로 인하여 생활들이~~

무관심 속에 변하여버린 나날들

얼마만큼 더 아파야 할까요…

숲속 오솔길

외진 숲속
가끔
은
사람이 다니는 곳 걷다 보면

숲속의 오솔길
길
이 생깁니다

길
이
먼저 있어 가는 것
오고 가는 길이 아니라

사람이 다니다 보면

산속
깊은 곳이라도
길이 있어 길이 생겨
인적을 남깁니다
그리고
바람도 잠시 쉬어 지나가는 길
산새도 잠시 머물다 가는 곳 가는 길…

조용히 책장 넘기듯…

책장
넘기듯
가는 해 조용히 보내드립니다

책장
넘기듯
오는 해 고요히 받아들입니다

그리구
시간의 흐름에
못다 한 말들
그중에
사랑합니다

못 해본 말들
못 들어본 말
귀
기울여 들어봅니다!
귀
기울여 들어보아요

들리나요
세상의 흐름의 소리를요…

비상하는 이에겐 날개가 있답니다

영원히
녹지 않을 것 같은 만년설
나무들의 푸르른 속삭임도 있지요
때론
꽃들의 향기는 어떻구요
바다의 일렁이는 파도 소리도 있지요
그중에
나에게
다가오는 싱그러운 노랫소리
속삭이는 듯
고요함은요 순백의 순결 같아요

깊은 동굴의 울림 같은 포효는요
서로의 배려
자신들의
견제와 절제로 조화로움
서로의
고뇌와 기우에 그치기를 바라는 우려
선의의 아름다움 앞에
나날들
숙연해진 마음으로 겸손하고 싶읍니다

이젠 비상하고 싶읍니다!!
비상하는 이들에겐 날개가 있답니다
나래를 펴고 날아오르고 싶습니다!!

아름다운 마음을 가진 이와 따뜻한 차 한잔하고 싶은 날

아름다운 마음을
가진 이와 따뜻한 차 한잔하고 싶은 날

지치고 힘겨운 사람
그대 되어
오소서

산기슭
산자락에 둥지 틀고
한평생
눈시울 안 붉히고 살아온 이들처럼~
남은 세월
헤아리며 걸어볼까요!

아님
옹기종기
모여
이마 맞대고 찬 바람 거센 파도
모으는
섬
섬마을 섬사람
그대 되어

남은 세월
헤아리며 걸어보자구요
그리하는 것도 괜찮겠지요!

향기로운
향이 피어오르는 찻잔에
마음을 퐁당 담가봅니다

마음이 정겨운 이들
차 한잔 마시고 싶은 날의
어느
따뜻한 한낮의 풍경

벗이여 행복한 거니

그리운 벗
행복한 거니-?

보석 같은 친구야
아픈 것은 아니겠지

우아하고 말 없는 벗이여 친구야 ---

행복하고

아프고
있는 것은 아니겠지

창
에
부딪는 빗물은
눈물처럼 흘러내리고 있네

너와 나
아마도
창가에 있나 보다
아마도

나와 너
창가에서 서성이나 보다

그리운 벗이여 ---

그리운 친구야

함박눈
이 내리고 있는 오후란다
눈꽃처럼 조용히 내리고 있네
바람이 불지 않기 때문일 거야
날씨가 영하권이라 그런지
대낮인데도 내리는 눈이 소복이
녹지 않고 쌓이고 있단다

눈이
내리면 영락없이
나의 친구인 한송이가
"그곳에도 눈이 오고 있니?"
하지만
웬일인지 귀 기울여도
전화가 오지 않네
아니 오네
혹시
어디 아픈 것은 아니겠지
네가 너를
잃어가는 그런 일
한송이가 언젠가 그랬지
사람에겐

망각이란 것이 없으면 살아 버티기
힘들 것이라고
그래도
추억이란 징검다리 위에 새겨진 기억들
없는 것보단
있었던 것이 좋지 않겠니
슬픈 일이라도 서러운 대로
행여 그런 일이 있었더라도
잊으려 애쓰지 말고 간직하고픈
아름다운 날들이라면
가슴에 꼭꼭 담아 옷깃 여미듯 간직하렴

이대로
잠시 하던 일 멈추고
눈송이들을 보고 있으려고
어릴 적
너와 난
하늘이 더 높고 푸르른 날엔
누가
먼저라고 하기 이전에 까르르 티 없이 웃었지
눈에서 눈물이 날 때까지
한참을 웃고 나면 왜 그리
눈에 눈물이 고이던지
꿈
만 바다 같고 초록빛 들판 같았지

가진 것이 너무 작았나~?
때론
다가오는 일들이 너무 홍겨워
쓰잘데없는 감성들
가끔은 덜어내도 좋을듯했지

무슨 일
무어라 해도 아프지만 말아다오
우리에겐
아직
사랑하는 사람들을 위하여 기도
못다 한 노래
그리운 일들 끄집어내어 헤아려 보는 일

눈송이들이
눈꽃처럼 휘날리며
또다시 내리고 있단다
바람이 부나 보다
바람이 이는 곳은 눈발이 되어 빙빙 돌면서
많이도 함박눈이 내리고 있네

잘 지내고 있지~?
행복해야 해
잘 지내 만날 때까지
보석 같은 벗이어라…

이 세상 꺾이지 말고 휘어져야 해요…

창
문을 여니

창
가에 매달려 있던
숲속의 향기가 쏴아
차가우면서도 맑디맑은
신선함으로 들어오네요

향기
를 보내드립니다

정
마음이 아파
어쩔 수 없을 땐

꺾이지 마세요
휘어지세요
아주 낮게 휘어지셔야 해요
그렇게 해야만 해요
그래야 해요…

행복하게 살고 있었는 줄 알았는데

행복
한 줄 알았는데

많이
아픈 거였니

너 정말
달려가
꼭 안아주고 싶다

그리고
아프지 않게
한 대 때려주고 싶다

비밀 정원으로 가는 설레임…

설레임
에
빛깔
이 있다면
청록색
오로라색일 것을요

신비로운
길로 가는 길목
비밀 정원
문을
똑똑 두드려 봅니다

비
오는 날의 투명한 우산
우산 위에 떨어지는 빗물
빙산들의 결정체 침묵 같은 고요함
때론
따사로운 햇살처럼 설레임
이 세상~ 설레임은
비밀 정원으로 가는~
비밀을 간직한 속삭임…

겨울 어느 날의 풍경

겨울
엔
처마 끝에 고드름 달리고
장독대
에
소복이 쌓인 흰 눈
그래도
옹달샘은 얼지 않아
안개처럼 모락모락 피어오르고

세월
에
짓눌린 어르신들
엉거주춤
길 건너 구멍가게로 모여드시는 곳

겨울
하늘
은 시리도록 푸르러
눈길이 머무는 곳마다
그리움 그리움 머무는 곳

겨울
이
잠시 쉬어가는 이곳

아이들이 뛰어나와 생명을 준다
강아지도 달려온다
고양이도 뒤따른다
토끼집
토끼들에게 먹이를 준다
앞집에 누렁이 멍~ 짖어대면
먼 먼 집의
검둥이도 힘차게 한 번쯤 짖어주는 곳

이곳을 지나가는
겨울
엔
봄
을 기다리는 광활한 들판이 있다
그리고
정겨운 이들이 있다!!

함정

지금은
어디에나
위험이 도사리고 있다

어느 곳에나
함정은 어둠처럼
어디에나 도사리고 있네요

모든 것에는
예측불허
정답은 있을 수 없으나 해결책
은
가까운 곳
손안에 있는 듯

우린 사람들
편견 된 생각
자신만이 고집하는
우월한 고정 관념

사람들 우린
때론

자신들 앞길을 막는 것은
타인들이기보다 본인들 자아

들리는 소리
어두운 소식들
어디까지 믿고 판단해야 할는지 ---

인내로
기다려서 될 수만은 없는 일
기존과는 차원이 다른 위기감 같은 ---

현실은
일상생활을
영위해야 하는
선의의 평범한 이들에게
때론 함정 같아요
함정 같지요

백장미 정원엔 백장미 한 송이쯤 피어 있을까

엄마
보고 싶다

울
엄마
보고 싶다

엄마
나 왔어
항상 그 자리
반겨 문 열어 주시던~

울
엄마
보러 가는 길목엔 잘 가꾸어진
백장미 정원이 있답니다

밤
바람이 차가운
이
겨울 한복판에
눈

눈이 내리는 날이면
눈
눈물처럼
끝없는 그리움
한없이
울 엄마 기다리고 있으실까~?

울
엄마
보러 가는 길목에
백장미 정원
백장미 한 송이쯤 아직도 피어 있을까~?

어머니
불러 드려야 하는데요
어머니
하면 너무 슬퍼져
눈물이 앞설 것 같아서요
엄마
늘 불러 드린답니다

바람과 빛

바람에 빛이 있다면~
이처럼 찬란한 빛에는 천 개의 바람이었을 것을요

햇살
따사로운 한낮엔
황금빛

초원
스치는 바람결은
초록빛

새벽이슬
머금은 풀잎들엔
영롱한 흰빛

노을 진
보도 위를 나뒹구는 낙엽을 스치는 바람은
예쁘면서도 서러운
붉은빛

수많은 별들이
빛이 되어 반짝이는

밤이 오기 전 하늘의
푸른빛

사랑은
변절되어도 친구와의
우정은 변하지 않는다는
은빛

사랑에 스치는 바람은
오로라
같은 오묘한 빛이었을까?

바람은
이 산 저 산 메아리 되어
굽이굽이 되돌아와
있어 주어요
가끔은 무지개 되어

행운의 네잎클로버

누가
보냈을까-?

책
갈피에
한지에 쌓여 정성스레 말리어진

네잎클로버

누가
갖다 놓았을까-?

하루아침
에
모여진 것이 아닌 것 같은 많은 책
정겨운
작은 서점 한 벽을 다 차지했을 것 같은
다양한 제목과 글 내용들 ---

누가
갖다 놓았을까-?

두 손으로
들어도 무거운

오페라 향연
나무들의 이야기
풀꽃들의 이야기
스티브 잡스
이성과 감성
미움받을 용기
사랑 후에 오는 것들
더블린 사람들 외 많은 책

누가
보냈을까-?

그
많은 책 중에
"간디의 자서전"
책갈피에 --- 끼워져있는 한지

안부 묻는 것이 아닌지
자신의 연관성
비밀스러운 이야기 적혀있지 않을까
조심스레 펴보니

"네잎클로버"

누가
보냈을까-?

한지에 소중히 쌓여진
1송이도 아닌
8송이이네요

8잎의
줄기째 곱게 말린
"네잎클로버"

누가 보냈을까
어디쯤 가고 있을까

인생길… 머물고 싶은 곳

삶
나날
들
시간의 흐름에 기대어 본다

그리고
내가 머물고 싶은 곳에
멈추어 봅니다

머물러 봅니다

지나간 세월만은
헤아리지 않을 것을요
저만큼 오는 세월은~

멈추어
머문 그곳엔

우주가 있다…
오늘은요
"2022. 2. 22."
입니다…

한옥에 스며있는 향기

한옥
은
흙 소나무 향 내음이 배어있어
향기롭습니다
그리고
조금은 비밀스럽습니다
밝디밝은 비밀 하나쯤~

한옥
앞마당은
하늘을 우러러 우러러
하늘을 모아 모아 담습니다
봄엔
눈 속에 봄꽃
여름엔 소나기
겨울엔 찬 바람까지요

한옥
앞마당 한가운데에 정원이 있어
안방
건넌방
사랑채 사랑방

창호지 창문을 열면
어떤 날은 푸르러 청명하고
어떤 날은 눈이 내리고 진눈깨비
어떤 날은 하루 종일 내리는 빗줄기
그날들의
하늘이 보인답니다

방문을 열면 한눈에
정원이 보인답니다
마당이
좀 크다 싶으면
뚜껑 덮은
두레박이 있는 우물도 있답니다

한옥
한가운데
정원엔 꽃이 피어오르는
큰 나무 한 그루쯤 주위엔 영락없는
봉선화
그 옆쪽으로 빙 둘러 애잔한 채송화

한옥
뒤꼍
안채 옆쪽엔 잘 다듬어진
장독대

크고 작은 항아리
햇돈장 묵은장
들이 담겨져 있는 정갈스럽게
빛날 정도로 닦여있는~
항아리들은 집집마다
그 집들의 저마다
음식 맛을 내는 귀히 여겨지는
장 담겨진 많은 항아리
장독대가 있지요 있답니다!

한낮의 햇볕이
가만히 내려앉아요
햇빛은
해 질 때까지 고요하게
그렇게 머물러 준답니다

한옥
은
고향이 그리워지면
한옆에 자리 잡고 있어 주어요
앞집
옆집
뒷집 누가 살으셨더라~?

한옥

은
우아하고 섬세한 선
이 있지요 있답니다~ 스며있는~
향기도요

겨울엔 산새들 어디에 있을까

바람
은
겨울 하늘 아래 불어와
땅
위를 맴돌고

햇볕
따스한 나무
나뭇가지에 이름 모를
산새 두 마리

바람에
흔들림일까. 흔들리는
나뭇가지인 줄 알았는데
산새 한 쌍
이곳의 산새
저곳으로 나들이 가고
저곳의 산새
이 산으로 나들이 오고

여름엔
나뭇잎 풀잎에 매달린 애벌레 도시락

한참을
그렇게 앉아있고
예쁘게 깃털을 가다듬고
한참을 그렇게 노닐다
저곳
제집이 있는 둥지로 날아가지요

겨울 산새들 다 어디에 있을까요~?

오늘
서울 하늘은 온통 미세먼지
하늘은 짙은 진회색 이렇게
비도 눈도 오지 않고 바람만 불고 있답니다
지금은
겨울에 갇힌 산새가 되어봅니다

산자락 오두막집

한적한 시골길
무심코
지나가는 길가에
웅크린
정적을 가득 담은 작은 집

비
오는 날이면
흙탕물 뒤집어쓰고
햇볕
뜨거워
땀
빗물처럼 흐르는 날이면 뽀오얀
먼지 뒤집어쓰고

담
보다 키가 더 작은 오두막 오막집

그때는
그저 그렇게
길가에 작은 집 짓고
인적 드문

나뭇잎 사이로 바람 소리
보듬어 안은 산나물 캐며
그저 그렇게 사나 보나 했건만
이제야
그곳에 누군가 살았건

지금도
살고 있을까~? 있으실까~?
외롭고
외로운 사람들이란 것을요
다음에
기회가 있다면
반쯤 열린 작은 싸리문
똑똑
문 두드려
주인장
마음을 열어 보리라…

보인다

아기
호수 같은 눈엔 엄마만 보인다
산나물
뜯으러
산에 가면 산나물만 보인다

첫사랑에 빠진
소녀들
하늘에도 땅에도 저 멀리 아련한
수평선에서도 사랑으로 보인다

사기당한
노인들엔
사람들 사기꾼으로 보인다
바둑 배우는 사람들 눈엔 지나치는
사람들이 바둑알로 보인다

아들
군대 보낸
엄마에겐 군복 입은 청년만 보면
아들로 보인다
친구

사랑은 변절해도
우정은 영원히 변하지 않는다 했던
친구만 보인다

난
무기력 앞에서 빠져나오려 허우적대는
내가 보인다!!

어여쁜 그대들이여

할 일
못 한다고는 하지 말아요
한두 가지
잘하는 일도 있을 것이고~~
있지 않을까
있지 않은가

미워
하지도 밉다고도 하지 말아요
한두 가지
사랑스럽고 사랑하고픔
있지 않은가
있지 않을까~?

다소곳이
생각에 사로잡힌 저 모습
어여쁘지 아니한가요!

남
한 번 하면 된 것을~
두 번에 남 한 번 한 것을 하고
미안해하는 저 모습

씩씩하고 어여쁘지 않은가요!

우린
너와 나 어우러져
너의 모습에서
우리를 나를 봅니다

나와 너 우린
너와 나
어여쁘지 않은가요~?

우린 알고 있을까
너는 알고 있을까
나도 알고 있을까
얼마나
정겹고 어여쁜지를요

노인을 위한 나라는 없다

이 세상
살아가는 동안
내
죽으면 울어줄 사람
한 사람쯤 있어도 좋지 않을까!

비바람
몰아오는 어느 날
이 세상
돌아 돌아 등 뒤에 가만히 누우면
"너였구나"
숨조차 쉴 수 없는 내 옆에
조용히
누워줄 사람
한 사람쯤 있어도 좋지 않을까!

이 세상
살아가는 동안
어설픈 내 모든 있는 그대로
사랑이어라~ 보아줄 그런 사람
한 사람쯤 있으셔도 좋지 않을까~?

기어이
사랑한단 말 한마디 아니해도
올올이 일어서는 흰머리
가만히 쓰다듬어 주어도 되는
그런 사람
평생에
한 사람쯤 있어도 되는 것은 아닐는지요!!

부부
금실이 좋으셔 꼬옥 손잡고 가시든
혼자서 가시든
엉거주춤 걸어가시는 뒷모습은
저리도
저며오는 아픔이 있네요
세월을
자식들을 얼마만큼
해바라기를 하고 사셨을까요!
남은 세월
세월에 기대어 얼마만큼 더
자식들을
해바라기를 하실까요!!

섬

섬
을
이룬다

섬
하나쯤
우린 가진다

사람은 각자마다
섬
하나를 가지고 있다

성전에서도
섬은 이루어진다
도시에서도 섬은 있다
가정에서도
친구에게서도
섬
은 이루어진다

섬과 섬
섬 사이에 다리가 있다

섬
어떤 이는 무인도
어떤 이는 낙원을

섬
망망대해 떠있다
살다 보면 마음에
어느새 나도 모르게
섬
하나가 마음에 떠있다
눈에
보이지 않는 돌무더기처럼 가슴에
섬이 자리 잡고 있다

바다
한가운데 점 하나 되어
'하나님'
눈물
한 방울
같은 섬은 있다

섬
은
어디에든 있다

사랑한단 말

사랑한단 말
다 하지 못하였는데

저만치
가고 있네요

달려가
등 뒤에서
살며시 기대어 본다

아직도
숲
같은 마음에
서성이고 있을까-??

이렇게 이 세상에 서 있습니다

눈
감고

귀
막고

입
가리고

이렇게
이
세상에 서 있습니다

아직도
우리에게 나에게
던져야 할
돌
이
남아 있을까

바람 소리엔 다 알 수 있는 비밀이 있네요

바람의 소리
바람이 불어오는 곳
태고로부터 일렁이며 쉼
숨 쉴 곳을 찾아 헤매이는 소리
바람의 소리 아니일까~?

들녘
을
내달리는
야생마 갈기에서도

하늘
의 구름이 떠밀려 가는 소리

수평선
바다 끝에서 밀려오는 파도의 소리

우리네
귓불을 어루만지는 스쳐 간 자리
바람의 소리 아니일까요!

청명하고 청량한

빙산들이 맞부딪는 소리
바람 소리 아니일까요~?

초가집
시골집 뒤꼍
대나무
휘이도록 지나가는 바람 소리

잠든 아기 얼굴
가만히 머무는 바람 소리
소녀들의 꿈
마음을 노크하는 소리

대지
노여움 같은
광풍의 바람 소리

태풍이
오기 전
정적에 가까운 고요는
바람의 시작인가요!!

천 개의 바람이여……

이별은

이별
은

이별
엔
이별 준비가 있어야 해요

가시려 하지 말아요
가려 하지 말아요
이 세상
돌아본다 한들
돌아온다 한들
너무나 광활하여

이별
은
천둥소리
불꽃이 화살처럼
마음에 내려꽂히는 소리

서로를 보내는 이
천둥소리 번갯불은 없겠지만요!

가는 이
돌아서 가려 하는 것은
남겨진 이들에겐
번갯불 천둥소리 천둥소리 번갯불

마음
을
다스려 어디를 둘러봐도
시리도록 서러운 아픔이
이별은요
준비가 있어야 해요!!

코로나바이러스로 사랑하는 이들을
보고 싶어도 볼 수 없는 곳으로
보내 드려야 하는 이들

극한상황에서 어쩔 수 없이
극한선택을 한 보내 드려야 하는 아픔
뒤에 남아있는 사랑하는 이들
현실을 눈 뜨고 보아야 하는
이들의 아픔은요
이별은요

진달래는 수줍은 처자의 미소

큰 바위
등지고

물
오른
나무 뒤에서도
응달진 곳에서도

진달래
수줍어 어쩔 줄 모른 체
고개를 살포시 내밀어요

겨울 내내
대지의 꿈을 품에 안은 체
처녀들의

수줍은 미소 같은

진달래
진달래 지고 나면

산철쭉

피어나지요
군락을 이루면서도 애잔하여
소박한
여인들처럼

산철쭉
은 한 많은
여인들의 서글픈 미소 같이
처연하게 피어 피어오르지요

진달래는
처자들의 수줍은 미소처럼
신비스럽고 싱그럽다면요
산철쭉은
애잔하여 한 많은 여인 같지요
어딘지 모르게
처연하고 서글픔 안고 있네요…

이곳은
지금에야
봄꽃들이 피어나네요!!

여자의 일생

평범하지 않은
여인들의 일생
인생의 중요한 부분에서
많은 인식과 의미 감당하며
터득했으리라 보아집니다

사람들엔
움직이는 생명이 있는
모든 것에는 기회란 기회가 있지요!
모진 겨울을
이겨낸 연약한 껍질 속에서

봄이면
곱게 우화하고
그리고
탈피하고 그리고
자신을 위로하는
전체가 아닌 부분적인 것이라고
스스로를 변화로 이끌어 소중함으로
우아하게 우화하여
꼭 안아봄이 어떠한가요!!

우린

난

크나큰 모순 앞에

나열된 아픔만 있습니다…

여인들엔

빛처럼 고운 현명함

그리고 지혜롭고 순수하고

순진한 알면서도 어쩔 수 없는

가야 하는 자신들만의 길이 있지요 ---

여자 여자의 불리우는

소녀 처녀 처자
어머니
어느 여인 연인
누이
시누이
누나
누이동생

아내
어미 에미
엄마
그리곤
이모 고모

한
여인이
이 세상 살아가는 데
여러 모습
다정스러운
때론 슬픈 호칭으로
불리어지네요

우아하고 아름다운
그대들이여
그대들이 있기에…

파란 하늘 닮은 이웃들이 있기에

하늘
은
파랗다

꽃
들은
저마다 활짝 피어오른다

이
세상에서
제일 잘한 건
파란 하늘 닮은
이웃
그대들을 만났다는 것

물안개
처럼 피어오르듯
안개꽃
처럼 피어난다
이웃이
있는 그곳에서 그대들

이
세상에서
잘한 건
그대 이웃들을 만났다는 것

이 세상
살만한 것은
그대. 그대들
있기 때문이라오…

도시여 안녕

맑디맑은
물
두 손으로
한 움큼 들어 올리면
손가락 사이로 쪼르륵
똑똑 흘러내린다

옹기에 정화시키려 받아놓은 물
두 손으로 한 움큼 들어 올리면

산
그늘
먼 메아리
산새들의 지저귐
이름 모를 꽃
바람들에 흔들린
풀잎들에
속삭임이 들려온다

도시여 안녕
먼 곳에 차들이 지나가는 소리
위층과 아래층 층간 소음

때론
길고양이 지나가면
짖어대는 이웃집 강아지

두 손으로
한 움큼 들어 올린 물
왠지 모르게 나도 맑은
물처럼 흘러내리지요

도시여 안녕
이대로도 좋지만
떠나고 싶다 도시여 안녕
도시여 안녕

수돗물 틀어놓고
두 손으로 받아보네요
상쾌하지요
그리곤 왠지 감사해요
옹기에 정화해 쓰고 있는
물도 좋지만요
옹달샘이 있는 곳
그곳에 가고 싶네요 ---

우린 초대받은 초대받지 못한 손님처럼

오라는
곳은 없어도
갈 곳은 많지 않나요-?

오라는
곳은 많아도
때론
가고픈 곳은 없지 않나요-?

초대
받지 못한 손님
처럼
조금은 떠돌아도
괜찮지 않지 않을까요-?

초대
받은 손님
이 되어
오고 가는 그 자리
잠시
머물러 보아도
괜찮아 보이지 않을까요-!!

오고 가는 그 자리

내 안에
성채를 두고

우린
어디를 가나 손님
언제나 손님일까요?

천 개의 바람

우리
곁에
바람이 일고 있어요

바람
은
바람이 불어오는 곳
어디쯤일까-?

태고로부터 일렁이며
숨
쉴 곳을 찾아 헤매이는
생명의 소리 아니일런가요

풀잎
들을 쓰다듬듯이
바람의 소리

초원
을
내달리는 야생마
들의 갈기에서도

바람의 소리는요

구름이
흘러가는 곳 가게 하는 곳
바람도 흘러가고
수평선
바다 끝에서 빌려오는
파도가 시작인 곳
파도를 일게 하는 바람은

우리네
귓불을 스치는
너와 나 스쳐 간 자리
바람의
시작이 아니일런지요!!
시작이 아니일까요?

바람은
잠든 아기 옆에 머문다
천 개의 바람은
잠시 쉬어 가네요…

아름다움은 그 어디에나

제
설움
에 겨워

제
흥
에 겨워

한
걸음
뒤처진
타인들의
아픔을
보아주지도
들어보려고도
하지 않았읍니다
하지 못하였읍니다

징검다리
건널 때
손 내밀어 잡아드렸으면

한참
을
기다려
동행했으면

그곳이
아름다움이
가득한 곳이었을 것을요

그때는 왜 몰랐을까?
그때는 왜 몰랐을까요!!

지금 이 허허로운 들녘

지금
이
허허로운
들판에 서서

언젠가
한
두어 번쯤

뒤
바뀌어질
찬란한
운명 앞에

한
순간
이라도
움츠려 초라한 모습
어울리지 않는다-!!

너와 난
우리는 ---

두 팔
활짝 펴고
너와 난
맞이하리라

이
한 세상
뒤안
길에서
'인간의 도리'
겸허
히
한평생 살아온
이들을 위하여 ---

말과 대화

말
을 하네요

대화
를
나눈다

때론
자신이
한 말을
잊어버린다
잃어버릴 수 있으나

말
을
들어준 사람
그날의 하늘 시간대까지
기억하고 있다면요

그럴 수 있을까-?
그럴 수 있을 거예요-!!

말
을
한 사람 자신을 ---
마음을 쏟아내고 실수를 가늠해도

대화
를
들은 사람은 ---
한때의 고민
환희와 감성
을
듬뿍듬뿍
주워서 담았을 테니까요-!!

그래서 우린
추억의 동산에
마주 보며 웃고 서 있다 웃고 있네요…

시간의 흐름

시간
의
흐름 --- 은

어느
누구의
운명처럼

기다려
주지 못하고

기다리지
않는다는 것을요

어느
운 좋은 이는
오늘
이란
낚싯대로
행복이라 하고픈
지금
을
낚아 올린다-!!

우연과 필연

길
에서
스쳐 지나가고

골목
모퉁이
에서 부딪치고

어느
그럴듯한
'타샤'에서
마주쳤을 때

어디서 보았을까-?

자주
만나게 되는 것은
만난다는 것은요-!!

우연
이 아니고 필연일까-?

오랫동안 갇혀있던 새장의 새

새장에
오랫동안 갇혀있던

새는
새장 문
열어주어도
새장
에서
놓아주어도

새장
에서 나오나
멀리
날아 못 가고

새장
주위를 파드득파드득
서성이다
날아오른다

날아오르다
되돌아와

한참을 종종거리다
날아오른다
몇 번이고 서성이다

시야에서
멀어져 간다-!!

난
요즈음
나에게선 ---
새장에서 놓여진

새장 문
이 열리어
날아오르려는 ---
도약하는 새를 본다

이해 충돌

어쩌다
다는 아니지만

자식들이
부모님
속을 썩이는 것이 아니라요

때론
부모님
들이
자식들
속을 썩이는 것 같은 그렇게
이따금
보여지는 이 세상

생각을 통과하는 길
여기 이 길만 있는 것이
아닐 텐데요

부모님
자식 간의 이해 충돌
다정했던 이웃들의 갈등

타인들의 순간 찰나
오해에서 오는 이해 충돌

더 높은 곳에서
더 넓은 곳에 서서
한숨 쉬고
높고 먼 곳을 보아요-!!

이해
하기 이전에
통제는 --- ?

들꽃

파란 하늘
흰 구름

먼
곳을 보다
바위틈에
생명처럼 피어오른
들꽃을 본다

이름 모를 꽃
이름 없는 꽃이 어디 있으리오
그저 모를 뿐
이름 모를 들꽃들 ---

밤사이
이슬만 한 꽃송이들
단아하고 애잔하다

무리 지어 있어도
홀로 피어 있어도
저며져 애절한 저마다
아름다운 들꽃을 본다-!!

대지의 한낮의 꿈

아무도
보아주지 않는
경이로운 들꽃들은

대지
여름날의
한낮 꿈길일까-?

대지의 꿈일까-?

한낮
여름날의
소나기는 ---

대지의 그리움일까 --- ?

어느 이름 모를 소녀에게

바람
이
불어오는 초원
에 서있어 보아요

소년이여 소녀여

아직은 꿈이여
도달할 수 있는 벅찬
가슴을 부여안고

하늘
을
향하여
눈물이 나도록 웃어보아요
푸르른 저 하늘
끝에 매달려 있는
찬란함과 공허로움도요

그래도
항해할 수 있는 넘실대는
끝없는 바다 끝자락

수평선 있지 아니한가요-!!

때론
이 세상 다 산듯한
표정은 짓지 말아요

잘못이 있다 한들
용서를 하고
사랑을 받을 줄 아는

소녀여 소년들이여

꿈꾸면
이루어지는
꿈이 있지 않은가요
꿈이란
이루어질 수 있는
소망이 있지 않은가요

별님들이 속삭이듯 들꽃들의 이야기

들꽃
들에 핀 꽃은
보면 볼수록
앙증맞은 예쁜 꽃들이 많아요

야생화
보면 볼수록
예쁜 꽃이 많네요

세상에
예쁜 꽃들이 모두
예쁜 이름을 갖고 있네요

들꽃
들의
이름을 누가 지어주었을까-?
이름을 알아갑니다-!!

야생화
보면 볼수록
예쁜 꽃들이 많아요
저마다 생소하구요

야생화
보면 볼수록 정감이 가고요
들꽃
어떤 꽃을 보면 눈물이 나요

깊은 밤
별들이 속삭이는 ---
들꽃들의 이야기…

유리벽 너머

유리벽
에
갇히어 있는

너와 나 우리
우리에게

어제
는
하늘가 맴돌다
흰 구름 타고

오늘
은
바다 저 멀리서
밀려오는 너울 파도

내일
은
붉게 떠오르는 태양
일렁이며
만 가지 앞세워

희망 꿈 소망을 ---

유리벽
세월에
세파에 갇히어진

너와 나 우리
마음
마음 앞에
살며시 놓아 드립니다

비바람 부는 어느 날

비바람
속에
문이 흔들린다

똑똑
문
두드리는 소리
바람
에
흔들리는
빗소리겠지-!!

그래도
행여나
문을 열어본다

그곳
엔 낯익은 모습

어인 일로
이 비 오는 날에 ---
"그냥,

그냥 왔어요"
그냥 오셨을 리가요-!!

"그 먼 길을요"

어여 들어오셔요
"오셨군요…"

우주 1

우주 공간
하늘
과
땅
그 사이 바다

올
여름
기회가 오면
인적이 드문 바닷가
파도가 은빛 물고기처럼
뛰어오는 곳 모래사장도 있구요

바다
물
에 들어가
앉아 있으려구요
'해상 요원'
저만치 달려오심

아주 먼 곳
시야가 닿는 곳

하늘과 바다가
맞닿는 곳 보고 있었노라구요
그렇게
이야기하면 되겠지요 ---

점 하나 되어 ---

우주 2(우리는)

우주 공간
살다 보면
태고로부터 ---
버림받은 것처럼

때론
이 세상
다 안은 것 같은 ---

어느 날
무심코 올려다본
하늘이 너무 파래요

파란 하늘빛처럼
기적
같은 나날도 있으려마는요

가끔은
슬프고 외로워질 때
만사에
심술이 나려고 할 때

나뭇잎
솔잎 사이로
하늘을 보아요

하늘에 하늘엔
그곳에
푸르른 바다가 있답니다

우주 공간
점 하나 되어

배웅

또
오렴
또
다시 되돌아오려무나

또
다시 뒤돌아보면
달려와 꼬옥 안아보고 간다
가게 된다 그래 --- 도 ---

헤어질 때
뒤돌아보면
이별은 길어진다

옛님들
든
자리는 몰라도
나간
자리는 안다는 말씀
가고 나면 허전하고
한구석 빈 것처럼
허전함은요

또
오렴

아무도 기다려주지 않는다

조금만
참으렴
더 잘해줄 수 있는데 ---

어느새
훌쩍
커버린 아이들

조금만
참으셔요
기다려주시구요

어느새
그 자리엔
아무도 아니 계시고 ---

그 자리엔
바람 --- 만
모서리 모서리 모여있어라

우화(羽化)

위로
위로
오른다

우화
하는
그 순간

호랑나비

흰나비

노랑나비

위로 위로 오르다
보면
우화할 시기를 놓치지 않을까요

변하여야 할 땐
탈바꿈도 있어야겠지요

그대들 행복해져야

살다 보면
살다 보면
익숙해진다

외로움에도
슬픔에도
익숙해진다 영혼은

기쁨에도
즐거움에도
익숙해진다 깨달음은

익숙해진다

행복한 길로

여름 한낮의 꿈

바람
한 점 없는 오후

숲은
고요함을 잉태하며

나무들은
제 그림자를 안고 잠을 잔다

비
오는
날에 우는 새는
비. 비 새일까

바람
한 점 없는 여름날에
꿈을 꾸며

특별한 사람이고 싶습니다

때론
특별한
사람이고 싶습니다

슬플 땐
하얗게 웃으며 떠오르는 사람

외로울 때
가슴으로 다가오는 사람

기쁠 땐
화들짝 뛰어오르는 사람

괴로울 때
한옆으로 비집고 들어와
내 옆에 --- 서 있는 사람

구태여
사랑한단 말 하지 않아도
난
때론
그런 사람이고 싶습니다

주위
사람을
행복하게 해주는 ---

특별한
사람이고 싶습니다

아이들은 부모님을 사랑한다

아이들은 --- 항상
부모님
을
사랑한다
엄마 아빠를

그리고
가끔은
미워도 한다
뒤돌아서면 후회하면서
아빠 엄마를

그리고
용서도 한다

이. 세. 상. 을 ---

아이들엔 빛처럼 찬란한 꿈과 희망을

아이들은
기다려 주어야 하는가 봅니다

아이들은
나무처럼 자랄 때
어느 누구도 기다리지 않고
그대로 성장합니다

키는 아빠만큼
마음은 엄마만큼

아이들은
아프고 슬플 때만 우는 것이 아니라
즐겁고 기쁠 때도 웁니다-!!!

아이들에게는
언제 웃어야 할지 울어야 할지
가르치지 않아도 됩니다

아이들이
아무 말 안 하고 가만히 있을 땐
그대로 모른 척

살며시 모른 척 보아주어야 합니다
아마도
멀리 여행하고 있으니까요
돌아올 때까지요

아이들이
왔다 간 그 자리에는요
오그그
흔적이 남아 있습니다

흘린 우유 자국
긴 머리 곱게 빗겨진. 눈 큰 인형
꽃잎처럼
까르르 웃는 소리

아이들엔
빛처럼 찬란한
꿈과 희망 --- 을 ---

아빠 엄마는 ---
착한 착각에 때론 빠집니다 ---

아빠는 엄마는 ---
엄마는 아빠는 ---
자신들이 아이들의

울타리인 줄 아십니다
하지만
아이들이
엄마 아빠 울타리라는 것을요

하긴
착각은 자유인 것을…

밤에 기대어

밤
에
기대어

어둠
을
홑이불처럼 덮는다

눈
꺼풀이 스르르 감긴다

그래도 잠시
스쳐 간 사람들
아무 일 없이 행복하셨지요-?
편안히 쉬세요

생명
줄 같은
내 사랑하는 사람들
우리가 사랑하는 사람들

평안하시고

행복하시었죠-!!
편안하시고 행복하셔야 해요 --- 늘 ---

이 세상 그래도 빛처럼 찬란하지 않은가요

눈
시울이 붉어지는 것은
슬픔일까-?

콧
잔등이 찡하여 오는 것은
서러움일까-?

손
끝이 시리어 오는 것은
외로움일까-?

사람
들은 저마다 저 마음으로
세상의 풍경을 보네요

슬픔도 서러움도 외로움
한옆에
없어질 이슬처럼 매달아 놓고요

그래도
이 세상

눈부신 '빛'으로
찬란하지 않은가요…

눈여겨보세요 살만하지 않은가요

별처럼 수많은 나날들

어제
헤아리다 못다 헤아린
별님
반짝이는 별님 하나둘 셋
그리운
얼굴들이 별님 사이로

아마도
나는 너를
너희는 나를
별빛 되어 그리워하나 보다

초록별 큰 별 작은 별
반짝이는 붉은 별 초록별
하늘 아래
하늘을 우러러
별처럼 서로 고운 이들
고운 이들은 서로 보고 있나 보다

오늘
도
별님들 사이로

별빛처럼 고운 이들
그리움이 되어 별들을 헤아리나 보다

내일
은
별처럼 별빛같이 빛나는 ---
꿈. 희망. 미지의 세계로

별처럼
별과 같이
별들을 헤아려 보려구요…

별처럼 아름다운 그리운 이들이여

이 많은 사람 중에. 너와 나 우린

이
많은
사람 중에

나는 너를 ---
너는 나를 ---

이 많은
사람 중에

너는 나를 ---
나는 너를 ---

우연
이라 하고
필연으로 만남은 ---

사랑
이라 하는 것일까

지금 이 한순간 소중하기에

지금

오늘

이
한순간
소중하기에

꽃
씨를 심습니다
꽃
을 피우기 위하여 ---

눈부신 여명
생명 살아 있음에

내일
을
향하여 ---

태풍이 지나간 자리

태풍이
지나간 자리

비바람에 맞선
키 큰 나무는 뿌리 뽑히고

잔잔한
풀꽃들은 옆으로 누이고
감자꽃 꽃을 피운다-!!

태풍이
지나간 자리

바닷가
어부가 되어본다
과수원
언저리에 서서
농부가 되어봅니다

태풍이 지나간 자리

비바람
휘몰아치고 간
가장자리에 서서

살아남은 이들 ---
태풍이 지나간 자리에 서서
시리운 가슴 부여안고

울지도 못합니다…

겸손함이 때론 초라함으로 보일지라도

너
의
환한 웃음 뒤
때론
찬란한 미소
에서 '우주'를 본다

너
의
수줍은 겸손함
에서 '세상'을 본다

때론
겸허함이
초라한 모습으로
보인다 해도 두 손 모아
가슴에 --- 겸손해지고 싶다

너
의
지친 모습
에서 --- '이 세상'을 본다

바다
처럼 일렁이며 ---
내 어깨
살며시 내밀어 본다…

문밖에는 동, 서, 남, 북으로 가는 길…

문
밖에는
길이 있답니다-!!

외길로
길로 쭉 가다 보면 ---

동, 서, 남, 북
으로
갈라져 있는 ---
사거리가 나오구요-!!

움푹 팬
빗물이 고여있는 ---
험한 길도 나오구요-!!

꽃
길로
가다 보면
기다리는 벗이 있을 것 같구요

큰

길가
대로변으로는요-!!

비행장
으로 가는 ---
길도 있답니다-!!

사랑하는 이 되어보소서

지금

하던 일
잠시 멈추고

사랑
하는 이 되어보소서

하늘
은
투명하리만치 푸르고

바람
은
쉬어 머물고

이름
모를 하이얀
들꽃들의 속삭임을

잠시 쉬어
사랑하는 이 되어보소서

거실 창문을 여니
넝쿨 사이로 갓 피어난 잔잔한
흰 들꽃들이
참으로 청초하네요

우리 웃는 모습이 얼마나 아름다운지

찬란하게
웃는 모습은
빛처럼 곱네요

수줍은 듯
미소 지으며
고개 숙이는 모습은 ---
정겨워 한 발짝 다가갑니다

남몰래
흐르는 눈물 뒤에
어설피 웃으며
뒤돌아 다가오는 모습에 ---

'한'
처럼 쌓여 가는
이 세상의 시름
눈처럼 녹여줍니다

우리
그대들의 웃음은 ---
생활의 묘약이랍니다…

우리의
웃는 모습이 얼마나 아름다운지
그대, 우리들은 ---

아시나요

길벗

세상살이
살아가는
길목에서

사노라니
한 움큼
주어진 터전

세상이 있고
행복이 있고

그대
벗들이 있어
외롭지도 서럽지도 않은지요

충만된 기쁨도
자랑하고픈 일도 없지만
때론
자랑하고픈 일도 있겠지요

길목에
서로 스치듯

길벗 되어
잠시 쉬어가소서

길 가시는 도중
길벗 만나거든

우리
내 안에 안부 묻거든요
잘 있다
잘 지낸다 전하여 주소서

정겨운 벗
길 위에 서서
'영혼'
을 감싸는 벗이여

길벗들이여-!!

태양은 떠오른다. 태양을 보라

태양을 보라

태양
은 일렁이며 햇살로
찬란한 빛으로 떠오른다-!!

바람
에 흔들리는 나무들
햇빛에 비추어 거실벽에
바람을 그린다

날아오르는
산새들도 그림자 되어
벽에 머문다

바다에선
출렁이는 파도에서
산
정상에 올라
시선이 머무는 곳에
햇살은 머문다

수술실
들어서는 의사 선생님 희망을
꿈을 인
노숙자 머리 위에도

이 세상
가진 것 없는 --- 어머니 ---
아기 보며 웃음 짓는 엄마와 아이들에도

이 세상
가진 이들
선행을 행하는 일에도
곳에도 빛이 되어 비춘다

태양은
떠오른다

햇살로
햇빛으로
햇볕으로

오늘도
내일도

태양은 또 오른다

산에 있을 산삼 이야기

창밖
엔
겨울비가 안개 속에
흐르듯 촉촉이 내리고 있네요

지금
인삼을 무우처럼
먹고 있으며 창밖을 바라보며

'산삼'을 생각해 봅니다

아무도
발길이 닿지 않은 높고 깊은
산속에
오래전부터 그 자리에 있을, 있었을
산삼을요

산삼
은
산새들 까치
이름 모를 많은 산새들 ---

산삼 산도라지 산더덕
많은 씨앗을 품어
산속 깊은 곳 이리저리 옮겼다지요

깊고 높은 산계곡
산삼 야생 식물은
어느 때
때가 되면 때가 돼도 소멸하지 않는다지요

신기하지요
신비하네요

사람들이
많이 인접한 곳의 낙엽들은 ---
떨어진 그 자리에 소복이 쌓여
나무들의 동면을 돕고 있네요

그리고
웬일인지 낙엽들은 ---
잘 썩지 않는 것 같아요…

지금에야 알았습니다

지금
은
알 것 같습니다

지금에야
알았습니다

먼 곳
에 있는 이보다
지금
옆에 있는 이들 이웃들-

헤어짐
과
만남도 더더욱 귀하다는 것을요

너무
늦어서야 알았습니다

세상만사
얼마나 소중한지를요
소중했던

모든 것 소홀히 여겨
헛되이 보낸 수많은 나날들 ---

지금
에야 알았습니다

제
설움에 겨워
남
의 아픔을
보려 하지 않았다는 것을요
남
의 서러움도 몰랐다는 것을요

지금
에야 알 것 같습니다

지금에야 알았습니다 2

지금
에야 알았습니다

지금은
알 것 같습니다

남
의 것보다
작은 내 것이
얼마만큼 값어치 있다는 것을요

찾아
헤매이는
큰 것보다는
작은 내 마음에 있는
평정
과 편안이 행복이라는 것을요

지금
에야 알 것 같습니다

소망

에는
감사와 바람이 있습니다

지금
두 가지의
소망을 다 안고 싶습니다
다 안고 있습니다

지금에야 알았습니다…

가을에 받아보는 주소 없는 편지

자박자박
누군가 조용히
다가오는 소리

똑똑
문 두드리는 소리

마음의 문
열어보세요
가슴으로
활짝 열어보아요

생각의
크고 작은 창가엔 ---

미처
손길이
닿지 않아 펴보지 못한

봄 여름
지금
가을에 보내온 편지

수북이
쌓여있지요-?

행운의 편지처럼요

미운 정, 고운 정의 차이

정
스럽다

정은
부모님 형제자매라
한들

이웃
사랑하는 이들에겐

정은
고운 정
만 있는 것이 아니라지요
미운 정
도 있다 하네요

예쁨만 있어서요
주위를 즐겁고 행복하게 하기만 한다면
얼마나 좋으련만요

미운 정
미운 짓 밉살스럽다 해도

어느새
닮은꼴이 되어 가기도 하기에
서로 닮는다지요

고운 정
미운 정
세상의
살아가는 길목에서

사랑
은
어느덧

정으로 바뀌어
정으로 산다 한다네요

부족함이 지혜와 현명함을 만났을 때

저의
부족함이

저를
겸손 겸허
하게 하여주오니

저의
부족함이

저를
지혜 현명
하게 하오니

저를
적당히
타협하게 하지
말게 하시고

저의
부족함이
올바름과 옳지 못한

가치관의 우열 한쪽으로
치우치지 말게 하소서

부족함과
흘러넘침이

현명함으로
판단하게 함이요

이만하면 이 세상 살만하지 않은가요

풍요롭고
험악하고

공존함과 냉정함

하지만
가만히 숨죽이고 고요히
들여다보면 ---

천연 고운 빛 낙엽
청량한 소리 들릴 것 같은
멀고도 가까운 하늘

어느 것
하나
아름답지 않은 것이 없네요

한편에선
기쁨으로 충만하고
이쪽에선
헤어날 길 없는 슬픔에
저쪽에선

크고 작은
각자가 책임져야 할 일 많은 일

떠밀리듯 스치며

"사랑한단다"
미소 지으며
우린
너와 나 우린

어디에 있는 것인가
어디에 서있는 것일까
어디로 가고 있는 것일까

큰 고래는 꿈꾸는 이들의 꿈에서 꿈을 꾼다

망망대해
큰 고래
숨 쉬려
바다 수면 위로 오른다

분수처럼
뿜어진 숨결은
금빛 찬란한 꿈이 되어
태양의 빛
조각처럼 반짝인다

섬
들의
고향인

망망대해
큰 고래
잔물결 같은 물고기
한 아름
숨 쉬며
꿈꾸며
수평선 위로 오른다

하늘을
향하여
잠시 머문다

꿈꾸는
이들의 꿈속에서
큰 고래도 꿈을 꾼다

난 알고 있습니다. 오직

난 알고 있습니다

내
곁을
떠나지 않으리란 것을요

난
알고 있습니다

내
옆에
있으리란 것을요

멀리
떨어져 있다 한들
발돋움하고
보아주리라 알고 있지요

귀
기울여
행여나 모든 것
그중에

내
숨결을
듣고 있으리라는 것을요

섬 하나 되어 원시림이고 싶다

솔직하고 싶은데
솔직하지 못하고

달려가고 싶은데
달려가지 못하고
머뭇거림은 ---

'디지털'
같은 문명
의
바다 같은 망망대해

'섬'
하나 되어
원시림이고 싶다

내가 행복했을 때

내가
행복했을 때

내가
행복했을 땐

그땐
모른다

세월
이
훨씬 지난 뒤 ---

자신의 중심에 서서 세상을 본다

자신
의
중심에 서서

이 세상
을
바라보듯

이 세상
의
중심에 서서

자신
의
모습을 바라본다

한 치
의
실수도 용납할 수 없는 ---
자신을
향한 엄중한 인색함
이 세상

의
너그러움과 냉정함

때론
풍요로운 여유로움

나날들에
몇 번이고
초가삼간
유리로 지어진
하늘을
찌를듯한 초고층 빌딩
지었다 허물고 ---

희망과 좌절
절망 속에 희망
하루에도
열두 번
죽었다 살아난다

그리곤 지금 여기

어느 날
의
멋진 날

근사한 하루의 마무리

이 세상
의 중심에 서서
자신의 중심에 서서

자신을 본다
세상을 본다

시새움이란

시새움
은
천 개
의
시새움 중에

단
한 개의
쓸만한 것이 없다 하네요

오늘
은
무의식중에 본의 아니게

다정한
이웃에
오해로 인하여
큰 상처를 주지 않았을까

두 손 모아
뒤돌아본다

살며시 뒤돌아보네요…

시간에 기대인

시간
이란
톱니바퀴에
조약돌 하나 받쳐놓고

가고 싶은 곳
조약돌만큼 다녀온다

시간
이란
톱니바퀴에
꽃 한 송이 받쳐놓고
보고 싶은 그리운 이들
보러 간다 다녀오네요

시간
이란
톱니바퀴에
소망을 듬뿍 담아 받쳐놓고

행복과 기적
시간

에
기대어 본다

기다려 보네요…

새벽을 여는 사람들

밤을
지새우고 산에 가는 사람
각자의 운동하는 곳으로 가는 사람

텃밭에
밤새 자란 상추며 달래 냉이
꾹꾹 눌러 이시고 끌고 오일장에 가는
복주머니 가지신 뒷집 할머니

꼬박
책상에 앉아있어도 세상 근심
다 짊어진 것 같은 등곳길
고3 이웃집 아들, 딸

배달의 민족 우리나라
두부 한 모라도 성심껏 배달하는
배달기사 오토바이 소리

새벽 예배
드리러 교회에 가시는 장로님 권사님
응급실에
밤 지새운 가족들의 슬픈 모습

의사 선생님
바쁘게 움직이는 희망의 소리

전철
첫차 탄 승객들의 생생한
일터로 가는 긴장된 숨소리들
인력장 새벽장에 모이신 인력

바다
항구 출항하는 어선 승선하는 어부님
어선을 보호하는 씩씩한 경비정 사람들

극과 극에 근무하는 사람들

태양이 솟아오르는
고요한 아침의 나라
우리나라 지키는 대한민국
화랑의 기상나팔 소리

오늘
을
시작하는 동틀 무렵의

생동감 넘치는
새벽을 깨우는 사람들-!!

삶 속의 의미

산다는 것은

삶 속에
혼자든 둘이든
여행길에 오른다는 것을요

조금은
행복하고
인생 중요한 것 배우기도 하구요

때론
불행 중에 다행한 것은요
아픔 중엔 자연 치유가 있다는 것을요

산다는 것은
여행길에 시간과 동행

우리
여행하는
시간은 너무 짧아요

우린

다음 정거장
에서 내릴지도 몰라요

산다는 것
살아가는 의미에는요

요즈음
살아가기에 너무 복잡하지요

따라잡기도 힘드네요…

그대들의 이 세상 살아가는 모습 아름답습니다

'스포트라이트'
받지 못해도

성실히 살아가는 이
보기 좋아 아름답습니다

살며시 다가가
아름다움
한 아름 놓아 봅니다

내 주어진
환경 속에 묵묵히
주어진 일들
열심히 살아가는 모습
아름다워 살며시
다가가 미소 지어 봅니다

할 일 많고
할 말 많아도

때론
선택받은 듯

궂은일 좋은 일

묵묵히 인정하고
받아들이는 모습

아름다워
살며시 다가가
아름다움
한 아름 놓고 옵니다

그리고
잠시 머물다
아름다움
한 아름 가득 담아 옵니다…

제일 먼저 하고픈 이야기

이런 이야기
저런 이야기

많기도 많은 이야기
중에

으뜸
으로 하고픈 이야기
사랑합니다

제일
먼저 듣고 싶은 이야기
사랑해요

책가방
이
키만큼 큰
귀여운 작은 아이는 - - -

반에서 꼴찌

꼴찌 한

작고 힘없는 아이를
엄마
는 꼬옥 안아주며 ---

괜찮아 괜찮단다-!!
사랑한단다-!!

하늘만큼
땅만큼
밤하늘 수많은 별처럼

눈이 내리는 풍경

눈
이 많이도 내렸네요
소나무 위에도 잣나무 위에도
잔잔한 나무 위에도요

따뜻한 햇볕에
착각하고 피어난 개나리 위에도요

먹이
찾아 헤매이는
들고양이 등허리 위에도요

도시의
눈 내리는 풍경
우중충한 회색빛
큰 건물 사이로 쏟아지듯
함박눈은 그렇게 내렸답니다

어딘가
모르게 울적해지는
그래도
눈 내리는 하이얀 날이면요

그리움
같은 것이 몰려와
마음 한가득 설레이지요

어둠이 가시지 않은 창가에 서 있어 봅니다
소나무 가지 위에 소복이 쌓여 있던
눈이 무게에 못 이겨 떨어지네요
여긴
이름 모를 산새들이 많아요
산새가 나뭇가지 위 눈덩이와 같이
잠자다 떨어질까 걱정한답니다

이젠 집으로 갑니다

바닷가에 사는 사람은
바다를 닮고요

강가에 사는 사람은
강물을 닮지요

호숫가에 사는 사람은
호수를 닮나 보네요

그렇게 그렇게 어우러져
살아온 서로를 닮은 이들

바닷가
강가
호숫가
물들이 모이는 곳
가장자리에서 서성이다

집으로 가네요

머물렀던
대지의 숨결이여 안녕

깊은 숲
어디선가
능선을 지나
벌교 갈대밭 머물렀던
바람이여 안녕

이젠 집으로 갑니다

존재만으로도

존재
만으로 주위를
사랑의 빛으로 이끄는 이

옆에 있어도 그리운 사람

존재
만으로
때론 어두워지는 이

옆에 없어도 --- 사람

있는 듯 없는 듯
숨은 꽃처럼
어려울 때 도움 주는 이

옆에 있어 주어 감사한 사람

새벽 동틀 무렵
찬란한 태양을 기다리며
이렇게 서 있습니다

난
우린
어디에 속하여 있을까

영혼

몸과 마음

흰빛
처럼
고운

영혼
이
있기에

영적
인
삶을
영위하는 것은
아닐는지요

보이는 것
이 다가 아닌
세상에 살고 있네요
이 세상에 살고 있답니다

단면만 보고 있을 때

복잡하고
무어든 많고 많은
세상에

단면만
보고 있으니

보고 있을 때

오해는 발생
'이해 충돌'

반쯤 열린
문으로 밖을 내어다보니
오늘도 살얼음판이다

활짝 열린
문으로 세상을 내어다보니
이 하루 살얼음판이네요

가는 올 한 해 조용히 보내드립니다

책장
을
넘기듯 가는 올 한 해
조용히 보내드립니다

책장
을
넘기듯
오는 한 해를
조용히 받아들입니다

내가
기쁠 때
슬프고 외로울 때
멀리서 바라보아준

고마운 이들이여
시간들이여 ---

시간들이여 ---

이 세상 다 잃는다 해도 이 한 가지만은

이 세상
살아가는 동안
다
잃는다 해도

마음
만은 잃지 말아요

사랑하는 이
에게 주어야 할 마음

세상 천하
다스릴 마음

마음
만은 잃지 말아요
잃지 말아요 마음만은요

말과 대화의 차이

말
을 많이 했는데도
뒤돌아 오는 길 허전하다

아마도
대화가 아닌
말을 많이 했나 보다

말
을
많이 안 했는데도

앞서가는 길
즐겁고 흥겹다면 ---

아마도
말이 아닌
대화를 많이 나누었나 보네요…

그래도
사랑한다 말할까

아님
좋아한다 말할까

말과 대화의 차이…

말과 대화의 차이 2

타협하듯 말할 때
모른 척
상대방 딴말할 때
"좋은 말 할 때 알아들어"
"알아들어라"

그 장소에서 이끌어가는
분위기 속에
상대방에게 벽을 느낄 때 벽을 보았을 때
"말을 말아야지"

사회에서건
가정에서나
연인에서건
친구에서나 어떤 땐
말이 통하지 않아 '이해 부족일 땐'

"대화를 잃어버린다"

말과 대화의 차이…

사랑한단 말. 지금이라도

사랑
한단다 사랑해요
사랑한단 말
왜
많이 못 하여 주었을까

지금
이라도 늦지 않았을까

그래도
수줍다

사랑
한단다 사랑해요
사랑한단 말
하늘만큼 땅만큼
호수처럼 ---
왜
못 하여 수었을까

말과 대화의 차이 3

상냥하게
서로를
존중하며 예의 바르고
우아하게 말하려 할 땐

말을 할 땐
말이 아닌 대화

그 장소
에서 말로 이끌어가는 분위기
상대방에게서
희망을 보면 행복해진다

진심으로 하는 말
말로 이어지는 서로의 대화

말들의 표현은
그 사람의 인성과 품격

예쁘게 말하는 이들의 대화
사랑스럽고 신비스럽기까지 하지요

진심으로 하는 말들의 표현
은
대화의 묘약

사랑으로 이끄는 묘약
이랍니다

메아리

메아리 되돌아오는-

높은 산
위에 올라 부르고 싶은
이름이여-

내
사랑하는 사람이여

내
사랑하고픈 사람이여

내
사랑하였던 사람이여

깊은 산
위에 올라 부르고 싶은
이름이여

메아리
되어 되돌아오며-
부른다 되돌아온다

메아리 되어 ---

내
사랑하는 사람이여

내
사랑하고픈 사람이여

내
사랑하였던 사람이여

소리 없이 불러본
스쳐 지나간
사람들의 고운 이름

메아리
되어 되돌아오길
고요한
마음으로 기다려본다

물방울

물 방 울
한 방울 한 방울
하늘
에서 내리는 꽃잎 같다

물 방 울
은
한 방울 한 방울
공기를 가르며 떨어진다

물 방 울
은
오색찬란한 진주 되어
햇빛
에 부딪쳐
무지개를 이룬다

물 방 울
은
바위에 모여 모여
하늘을 담는다

물 방 울
은
시냇가 시냇물
조약돌 위로 흐른다

물 방 울
은 창해를 꿈꾼다

마음의 동요

재래시장
에서 사 온
제철인 물미역 한 묶음

냉이 한 봉다리

물미역
에서 일렁이는 바다를 본다
저 멀리서
밀려오는 거센 파도도 본다

깨끗이
흙이 털어진
'냉이'에서
밭두렁 논두렁 우렁이도 본다
웬일일까-?
그곳엔 햇빛도 환하고 따사롭다

그리곤
소슬바람이
스치고 지나간다
무심코

올려다본
하늘이 넘 파랗다-!!

우리가 이뤄내지 못할 것은 아무것도 없네요

기대이지 말자
하면서도 ---
기대이고

숨지 말아야지
하면서도 ---
숨기도 하지요

기대이지 말아요
숨지도 말아요

"우리가
이뤄내지 못할 것은 ---
아무것도 없어요"

봄이 오려는 길목에 서서

살
을
여미는 찬 바람은 ---
쫓겨 가듯 가야 하는

겨울의 심술일까-?

뼛
속
까지 여며야 하는 찬 바람은 ---
잠자는
나무들 깨우려 하는 ---
움트는 새순들 위해

봄의 정령은 아니일까요 ---
봄들의 정령은 아니일까-?

1월의 마지막 날
찬 바람은
두 마음을 품고 있네요

사람 사람 사람은

사람
은
보고 싶은 것만 본다
보고 싶은 것만 보려 하네요

사람
은 하고자 하는 것
하고 싶은 것만 하네요
하고 싶은 것만 하려 하지요

사람
은
기억하고 싶지 않은 것
기억에서 지우려 애쓰지요 애쓸수록-

사람
들
보고 싶은 것만 보고
하고 싶은 것만 다 하고 살아가는 사람

하고 싶은 것
보고 싶은 것만 보고

이 세상
살아가는 '이' 얼마나 될까

골목길

골목길
에는
추억이 있지요

단발머리
팔랑이며
나비처럼 뛰어오르듯-
엄마 품에 안기는 아이

봄비
같은
머릿결엔
커다란 방울이 달려있지요

아침
에 나간
딸내미 밤늦은 귀갓길
반기는 어미의 마음은요

술 한잔
자시러 나간 늦은 늦을
남편 걱정하는

그저 그런 서성이는 아낙의 한숨

이젠
기다려도 올 수 없는-
그리움에 지친 먼 길

머언
눈길 들어 돌아 돌아
골목길에 머무네요

골목길 끝자락에는요-!!

세상에서 본 가장 아름다운 생명체

볼수록 매력 있고
사랑스러운 것
내가 본 가장 귀여운 생명체

는요-!!

눈
가에
눈물방울
대롱대롱
매달고 있다가 있어도 ---
활짝 웃어주는 모습
예쁘게 웃을 줄 아는 모습

사랑으로 귀엽게
이 세상
역경을 이겨내는
아름다운 사람들-!!!

봄의 소리

나뭇가지
에
물오르는 소리

나무에 물오르는 소리
는
정적에 가깝겠지요

나무에 기대인들- 움트는 소리

남촌
엔 벌써
흰 목련 피어오르고 복사꽃 피었다는데요

내 뜨락
에 나목들은-
지금에야 실눈을 뜨네요

고요 속에
귀 기울여 들어보아요
봄의 소리를요 봄이 움트는 소리를요…

어느 우울한 날

눈물
로
걸러낸 웃음

미소

모든 것
을
관심을 갖고 눈여겨보면
그것엔 그곳엔
이치와 해답이 있네요-!!

인생
은
어느 누구에게나
공평하지 않습니다

그러나
공평하기를 원할 때가 있지요-!!

그래도
인생은 살아가는 것 자체로

아름답습니다
아름답네요

이 글 앞에
우두커니 앉아있어도
더 보태고 덜어낼 것이 이 상황에서 없기에

요요 작작

피어오르는
꽃봉오리는

바람
이
불어와 흔들어주지
않아도 향기롭지요

피어오르는
꽃봉오리는
이슬을 머금지 않아도

청순하고
청아하고
청결하고
신비에 가까운 아름다움이지요

살다 보면
한 번쯤

피어오르는
꽃봉오리인 적이
있지요 있을 거예요

회전목마

서로
다름이

서로
어우러져

다름이
서로서로
어우러져

조화로움
고귀한 융합
을
잉태하고
새로움은 탄생한다-!!

그리고
서로 다른 우리는
'회전목마'를 탄다-!!

사람들은 자신을 타인들을 얼마만큼 사랑할까

자신
을
사랑하는
사람은 아니 늙는다

자신을
사랑할 줄 아는
사람은 더디 늙는다

타인
을
사랑하는
사람은 젊어진다

타인을
사랑할 줄 아는
사람들은 젊어 보인다

"자만하지 말자"

"자만하지 말렴"

항상
'꽃띠'인 줄 아니-?

누구나 한계를 느꼈을 때 하고 싶은 말

나
외롭고 슬플 때
어디에 있다가-

나
모든 걸 털어버리고
외롭고 괴롭지
않을 때 오려 하니-

나
가진 것 없을 때
어디에 갔다가-

나
가진 것
많지 않아도
익숙한 것처럼
옆에 와 서성이려 하니-

이젠
서로 살던 방식대로
그냥

내버려두자
그냥 그냥 멀리서 ---

누군가
살다 보면 한 번쯤 한계에 부딪히지요
우린
살다 보면 한 번쯤 한계에 도달하지요

수호의 날 잊지 않으리오

바다

저
멀리서
달려오는 파도여 ---

꿈
희망 고뇌
찬란한 젊음
을
마음에 꽁꽁 여미고

조국
을 위하여-

찬란한 태양
이 떠오르는
고요한 아침의 나라 지킴이 되어 ---
하늘과 바다
가
맞닿는 망망대해 수평선

햇빛
에
부딪는 바다 물결은
뛰노는 물고기인 양
가끔씩
찾아오는 갈매기 벗 삼아 ---

조국
을 지키는 ---
바다의 화랑들이여-

가신 님 잊지 않으리오
가신 님들 잊지 않으리오

특별한 사람이고 싶습니다 2

그대
들은
특별한 사람입니다
때론
특별한 사람이고 싶습니다

슬플 때
하얗게 떠오르는 사람
때론
하얗게 떠오르는 사람이고 싶습니다

외로울 때
가슴으로 다가오는 사람
때론
가슴으로 다가가는 사람이고 싶습니다

기쁠 때
화들짝 뛰어오르는 사람
때론
화들짝 뛰어오르는 사람이고 싶습니다

괴로울 때

한옆으로 비집고 들어와
내 옆에
고요히 서 있는 사람
때론
한옆으로 비집고 들어가
그대들 옆에
조용히 서 있고 싶습니다

구태여
사랑한단 말 하지 않아도
너와 난
그런 사람이고 싶습니다

특별한
사람이고 싶습니다

시간은 지나간다. 시간은 간다

길
위에 서성일 때도 '시간'은 지나간다-!!

하늘을 바라볼 때도

봄꽃처럼 화사하게 웃을 때도

낙심할 때도

분노할 때도

행복해 어쩔 줄 몰라 할 때도

누군가 기다릴 때도

사랑하는 이여 "안녕"할 때도

기다리던 뮤지컬 공연장에서도

시간이
멈추기를 순간적으로 생각해볼 때도
시간은 간다-!!

"시간은 지나가네요"

제 가끔의 삶의 무게

오늘
도
"감사합니다"

해맑게
웃으시느라
"고생하셨습니다"

마음
은
천만리길 서성이고

가슴
에는
크고 작은 '돌'
하나쯤 있으련만

슬프고도 외로워
울고 싶은데
예쁘게 웃으시느라

"수고하셨습니다"

"고맙습니다"

"오늘도, 내일도, 모레도요-!!"

길을 묻거든…

어느 날
낯선 이
길을 묻거든

모르면
모른다고 대답할지니

정확지
않은
길 가르침은

어느 날
낯선 이
길 위에서
길 잃어버린 '나그네' 되어

낯선 이
길 위에서
길 잃을까 걱정이요……

어떤 때는 어떤 날은
대부분 기계와 마주 앉는다

온라인시대 정보 홍수 속에 살고 있다
잠시 쉬려
쉼터에 나갔을 때 길거리 나섰을 때
찬란한 '태양 빛'에 서면
문득 혼자인 듯 낯설어진다

길을 묻는 이 되어보고
길 물어오는 이 대답하는 이 되어보고

어느 날 투정 부리고 싶은 날

방관
하지도 않으려 하네요

그렇다고
두려워하지도 않으려구요

이 세상
살다 보면

남들
여러 모양 슬픔과 아픔을 보고
자신의 안정된 삶의 모습에
안위의 표정 관리 못 하는- 이들
보아줄 수 있는 여유로움도 있답니다

긴긴 겨울날
살 속을 여미는 한파에도 살아남은 새순들
봄꽃들의 향연 향기
넘 싱그러워- 설레이며
이렇게 하늘을 우러러
산까치 둥지 품은 나무처럼
이렇게

서 있으려구요. 서 있답니다

변덕스러운 겨울날
많은 비 그치고 난 뒤 그날의 한파를 못 이겨 냈나 보네요
아직도
그 많던 산새들은 오지 않아요. 오지 못하나 봐요
산비둘기 산까치 보랏빛 새들
꾀꼬리 비슷한 이름 모를 산새들의 군무
많은 참새들의 무리도요

산새는
참 많이도 날아와 날아오르며 놀다들 갔다
또 오구요
이젠 봄인데도요
산새들은 오지 않아요. 오지 않네요
또
기다려 보려구요

벗이여. 우리가 달려온 저 초원으로 달려가 볼까

벗이여
저
푸르고 푸른
초원으로 오-라

벗이여

이슬 내린
풀밭으로

벗이여
맨발이면 어떠하니
두 손
활짝 펼치고
내게로 오려무나

벗이여
나
도 또한 달려가
너
를 한껏 안아주련-

벗이여
한 번쯤
마음으로 담아 닳아
하늘
을 향하여 뛰어오르고-

벗이여
우리
가
달려온
저
초원으로 달려가 볼까-?
초원으로 달려가 보자꾸나-!!

초원으로 달려가 보면 어떠할까…

사랑으로

사랑
은
사랑하는
이들에게는 '우주'인 것을요

저 멀리서 들려오는
멀고도 가까이 들려오는
그윽한 '종소리' 같은
영혼 그러한 사랑인 것을요

사랑
은
사랑하는 이들
에게는 '진주' 같아요

신비로운 오묘한
하이얀 '빛'으로
한 알의 '진주'로요

그리고
'영혼' 동반하는 것인 걸요

사랑
은
현실 앞에서는-
때론 무한한 오해의 소재이지요
그리곤 '행성'인 것을요-!!

우린. 서로 스쳐 간 자리

우린
서로에게
시선이 잠시 머물렀다면

우린 서로
의
어두운 모습을 보았기 때문이겠죠

우리에게
시선이 머물렀다면

우린 서로
의
맑고 밝은
웃음을 보았기 때문이겠죠

잠시
잠깐의 시선도
순간으로 스쳐 간
사랑 --- 으로
기억으로 머물겠지요

사랑으로
기억으로 스쳐 간 자리
그. 리. 울. 땐-
추억으로 머물겠습니다-!!

어머니, 밤하늘에 둥근 달이 떠 있습니다

어머니
'연분홍 카네이션 꽃다발'
앞가슴 마음에 꼬옥 안겨 드립니다

엄마
빨간 카네이션 꽃 한 송이
가슴 앞자락에 달아 드립니다

아버지 어머니
한 가정
일구시느라
고생하셨습니다

우리
아파할 때
대신 아프고 싶으셔
간구의 '기도'를 하시는
모습을 보았답니다

고뇌와 편견의
세상에 서성일 때

어머니 아버지
자식들의 등 뒤에서
숨 한번 크게 못 쉬셨습니다

행복이어라
즐겁고 기쁨으로 충만하다 싶을 땐
조금은 멀리서
두 손 모으시고 보아주셨습니다

어머니
가끔은 지혜와 현명함
을
마음 한옆에 내려놓으시곤
'시인'이 되셨습니다

때론
하늘을 우러러-

만물이 움트는
대지 위에서-

가끔은
현모양처이시기 이전에-
'소녀'처럼 '시인'이 되셨습니다

지금은
어머니
뵈러 가는 길목에는 잘 가꾸어진
백장미 정원이 있답니다

어머니
한없이 때 없이 보고 싶네요
보고 싶습니다 보고 싶습니다

마음은 그대로인데요

마음
은

살아온 나날
지나온 시간

엊그제
같은데

몸
은

저만큼
뒤처져

"맴"
을
부르며-

같이 가자 하네요
같이 가자 하네요

번갯불 일 때마다 번갯불에 석이버섯은

때론
내가 있다는 것을
아무도 몰라주기를-

흰 구름 머무는 곳
소슬바람에도
온몸을 떨어대는
들꽃처럼-

번갯불
일 때마다 번갯불
조금씩 조금씩 아주 조금
자라난다는
살아간다는
석이버섯은-

으르릉 천둥소리에
그때야 잠에서 깨어나
세월의 순간들을 벗 삼아
스치는 숨결들에-

돌 틈에

빗댄 석이버섯은
무엇을 전하려 했을까?
무엇을 꿈꾸며 살아 버틸까?
무엇을 꿈꾸며 살아왔을까?
처연하고 아름다운
석이버섯은-

그 속에서 '우주'를 본다

때론
내가 있다는 것을
아무도 몰라주기를-!!

돌담

돌담
에는
세월이 스쳐 간 흔적이 있습니다

기억
은
빙산처럼 투명한데-

돌담
에
기대인 세월은
고요가 아닌 침묵을 하고 있습니다

천년
의
물소리 같은
바람 소리도 잠시 머물다 갑니다

새들이 앉았던 그 자리에
햇살은 내려앉고-

돌담

에는
세월이 지나간-
비밀을 간직하고 있습니다

돌담
은
돌담에는-
세월을 보내고
세월을 기다립니다
세월을 기다리나 봅니다…

빗소리

비 내리는 소리
는
자박자박
누군가 오는 소리

비 오는 소리
는
누군가 올 사람. 올 소식
똑 똑 똑
문 두드리는 소리

비 내리는 소리
는
잠 못 이루는 이들엔 자장가 소리
로
비 오는 소리
는
젖병 문 아가에겐
엄마의 정겨운 안도의 숨소리

비 오는 소리 비 내리는 소리
는

그리고
그리움 같은 것도 있지요

소슬바람 지나가는 뒤꼍엔 솔바람 소리

땅
끝자락에

흙
담집을 짓고

먹거리
심어진 작은 텃밭

아름다운 이여
찬란한 빛 속으로-
걸어서 내게로 오소서

앞마당
빛 좋은 곳에
암탉은 병아리 품고

소슬바람
지나가는 뒤꼍엔
솔바람 소리

해

질 무렵이면-
서둘러 저녁밥 짓고

밤
이면 두손 모아
가슴에 품고 —

아름다운 이여
무릎에
살며시 기대이면-

등
에 가만히
가만히 손 얹어줄 사람

이런 사람과
이런 사랑이어라

첫걸음

품
에
안겼던 아기. 새내기들-

땅
에
앙증맞은 발을 내딛고-
갸우뚱 흔들 중심을 잡고

보드러운
머릿결 날리며
달려간다. 아기는-
되돌아 아빠 엄마 품으로

긴
머릿결 날리며
세상으로 내딛는다. 새내기들-

바람
이 불어오는 곳으로-

그리곤

그곳엔
가야 할 이 세상이 있네요

나이는-

나이
는
시간
이
흘러간 흔적
숫자에 불과하다는데

어떤 이는 붙잡으려고
어떤 이는 애착에

나이에 예민해진다

이 세상 태어나는 것
공평한 것은 딱 한 가지
나이를 먹는다는 것 정해진 선택

나이
늙는다는 것 변하는 모습
당당하고 여유로움으로요
부끄러움이 아닌 것을-
자신을
바라볼 수 있는 세월의 틈새

수많은 세파
한 가지쯤의 비밀 있지 않을까요-?

나이는
숫자에 불과하다
나이란 숫자를 가끔 헤아려 보는 것으로 끝일까-?

나이는
본인인 자신을 다스리지요
나이는요-!!

그 길이 아니라도 또 다른 길

이 세상
에
기대인 어진 사람들

이 세상
어둠에
기대인 어진 사람들

고개를 떨구지 말아요

눈
을 들어
저 광활한
초록빛 들판을 보시게나

이 세상
돌고 돌아
이해하기. 이해받기 이전
크고 작은
힘들고 즐거운 일 없겠냐마는

두려워하지 말아요

미안해하지도 말아요

어진 이들. 어진 이들
탓이 아닌 것을요

어느
누구의
잘못도 아니라네요

그 길이 아니라도 또 다른 길이

바다에 들어가 섬 하나 되고 싶다

하늘은 파랗고
흰 구름 뭉게구름

나무 잎새 푸르러 들꽃 향 향기
산새들 지저귀고 바람은 불어와도

"아 덥다, 덥네요"

파도가 넘실대는-
맑은 바닷길

동해 바다에-

남해 바다든-

일몰이 아름다운

서해 바다에-

섬
바닷길들을 돌아 돌아
다도해 그중에

섬 하나 되어 -

섬
하나 되어
바다에 들어가
섬
하나 되고 싶다

때론
파도가 일렁이고
갈매기가 떠돌다 쉬어가는
섬이고 싶다. 섬이 되고 싶다

우린 지금

저
멀리에선
천둥소리

비바람
휘몰아쳐 와도

온몸으로
맞으며 받아들이며

견디어
내는 우린

꺾이지 말고
휘어져 보아요

비 내린 뒤 꽃나무 잎새 싱그럽지요

비 오고 난 뒤
꽃들 나무들 향
향기는 백리향

비 내리고 난 뒤
꽃잎 나무 잎새 향
향기는 천리향

비 뿌리고 지나간 뒤
꽃들 신록의 향
향기는 만리향

비 개인 밝아오는-
새벽하늘 곱기도 하네요

햇살은
꽃등에 앉아 꽃들의 향, 향기 담아요
햇살은
신록에 내려앉아 꽃과 나무 향, 향기 낡는다지요

우린 웃는 모습이 아름다워요

난, 우린,

찬란하게 웃는다

가진 것 없어도-

바람이
불어와
머릿결이 귓볼을 스치면-

하늘을
향하여 다소곳이 웃는다
눈물이
나도록 까르르 소리 내어 웃어본다

봄이면
흰 목련처럼 웃는다

장미
정원에 가면
장미처럼 아름답게 웃는다

오던 길
잠시 멈추고

가던 길
가는 길목에 서서

"축복하소서"

찬란하게 웃는다-!!

우리 나 우린 가진 것 없어도-
찬란하게 웃는다-!!

내일을 위하여 꽃씨를 심으렵니다

지금

여기

지금 오늘 여기에-

그래도
내일을 위하여
꽃씨를 심으렵니다

백리향
천리향
만리향
이란 꽃나무

이름 모를 들꽃 풀꽃들

파란 하늘을
향하여 피어오르는 칸나

내일을
기다리게 하는 희망이란 꽃나무도요-!!

내일을
위하여 꽃씨를 심으려구요
내일을 향하여 꽃나무를 심었습니다-!!

태풍이 오기 전 고요와 정적

태풍
이
오기 전에는

오래전
부터
그랬던 것처럼 침묵이 감돈다

고요보다 더한 정적에 휩싸인다

오래전
부터
겸손하고 정숙하게 살아왔어도
살아온 것처럼 숙연해진다

태풍 같은 설레임도 있다

태풍이
비껴가길 기원하는
생명 있는 모든 생명

태풍과

맞닥뜨리기 이전 비껴가기를-
바라보는 간절한 소망 '소망'

태풍
이
오기 전에는
심연 같은 어두운 적막함에-
생명 있는 모든 생명 숨 쉬는 것조차
고요와 정적 속에 머문다-!!

태풍
이
오기 전
숨 쉬는 생명 심연 같은 침묵
고요와 정적 속에 머문다

소녀여, 소년들이여

소녀는 소년은

우리 시대
의
우거진 나무 어여쁜 꽃들이거늘

등
에
짊어진 지식 보따리

버거워질 땐

파란 하늘 뭉게구름
한 번쯤
먼 곳 먼먼 시선으로 바라보아 주렴

비 내리고 난 뒤
대지 위의 이름 모를 들꽃 풀꽃들
처럼
단아하고 싱그러운 아름다움

소녀여 소년들은

미처 모르지
자신들이 얼마큼 아름다운지 씩씩한지를

소녀여 소년은

우리 시대
의
버거운 근심 걱정은

아직
은
너희들
소녀들이여 소년들의 것이 아니거늘

하늘 같은 꿈
대지 같은 행복의 여유로움으로

우리의 시대
꿈으로 희망으로 사랑으로
가꾸며 살아보아 주려무나. "살아보아 주렴-!!"

때론
주위 사람들
행복으로 이끌 줄 아는-"예쁜 미소로-!!"

눈에 보이는 것, 눈에 보이지 않는 것의 존재

눈에
보이는 것이
다가 아닌 세상에

꼬집으면
아픈 것은 현실

눈에
보이지 않는
세계는 아직은
원시림. 신기루일까-?

눈에 보이는 것
과
눈에 보이지 않는 것
의
존재

우린 공존하고 있지 않을까-?

깊은 산에는 누가 살고 있을까?

강 건너
산 넘어

맑은 물 흐르는 계곡
흰 구름도 쉬어가는

이름 모를 들꽃들
산새 지저귀는

깊은 산속엔
누가 살고 있을까-?

산 넘고
강 건너

여름엔 시원하고
겨울엔 따뜻한 옹달샘이 있는

깊은 산속엔
누가 살고 있을까-?

괜찮아요. 지금도 잘하고 있답니다

"괜찮아요. 지금도 잘하고 있어-!!"
한마디에 마음이 녹아요
외롭고 힘들 때 나를 일으켜 세워주는
따뜻한 말 한마디는

이렇게
찾아주시고 격려해주시는
단아한 그대들이 있으시잖아요

서로의 모습
다르듯 견해의 차이 생각이 다르고
개성들이 뚜렷하기 때문이겠지만요

우린 서로 괜찮지 않나요-?

지금도
자신 일들을 잘하고 있어요
앞으로도요

새소리
새 우짖는 소리
바람에 실려 오는

바람이 스치는 곳마다의 소리
파란 하늘 뭉게구름은 어떤 땐 신비스러워
천사들의 위로의 말 한마디 같아요

"괜찮아 지금도 잘하고 있어요"

"우린 앞으로도 잘하고 있을 거예요"

미안하다 친구야

친구야

친구
외롭고 슬플 때

나는
어디에 있었을까?
무엇을 하고 있었을까

아마도
너의 밝고 고운 모습
에
행복하리라 했겠지-

친구야
아프고 그리도 서러워
다가오려 할 때 헤아려 주지 못했네

미안해 친구야

아마도
난 너의 여린 모습이 세상에

세상에 대한 어리광- 어리광인 줄 알았네

이제야
눈 속에 피어난 꽃처럼
표면으로 드러난 너의 아픔에

때론
너의 가슴 나의 가슴 부여안고 있구나
친구야 미안해
정말 정말 미안해

먼 길 떠나는 이들이여

먼 길
떠나는 이들이여-

부탁하오니-

이 몸을
아는 이 만나거든
잘 있다고 전하여 주시구려

먼 길
떠나는 이들이여-

부탁하오니-

이 몸을
사랑하는 이 만나거든

이 몸도
사랑한단 말
사랑하고 있다고

잊지 말고

전하여 주시구려-

먼 길
떠나는 이들이여

부디
부탁하오니-

우린 살다 보면
먼 길 떠나는 이도 되고
소식 부탁하는 이들도 되어보고
간절히 부탁받은 안부 전하는 이들도 이기도 하지요

공존

발길이
드문 산속에

초가집에
홀로 살고 계시네요
"할머니 건강하셔요"

울타리로는-
백일홍
맨드라미
붉은 꽃들이 하늘을 우러러

청명한 하늘가엔
흰 구름

인적 드문
고요한 산골에
꽃잎들이 흔들리니
바람도 쉬어가나 봅니다

고요가
초가지붕에- 머물고

복숭앗빛 토담엔
쉬고 있는 빨간 잠자리

한낮의
마당 한가득 햇볕은-

샘가에
퐁퐁 솟아오르는
맑은 물은 우주를 담고 있네요

자신들만 모르는 아름다움. 아름다운 소녀들이여

아름다운 소녀여

세상으로 나와 보려무나
세상의 문을 열고

세상으로 나와 보렴
세상을 향하여 마음을 열고

세상은 험하다 해도
세상은 더 예쁜 것이 많은데-

바람이 불어오는
초록들판 늘 그곳에 있거늘-

기다린단다
희망을 간직한 이들이 있기에

세상의 문을 열고
나와 보려무나
가야 할 길이 멀기도 한데-

세상의 문을 열고

나와 보렴
아름다운 소녀들이여 ---

보고 듣고 부딪는 것은
세상의 '의미'이어요
기쁨과 행복 때론 좌절과 슬픔 헤쳐 나가는 희망도 세상의 길목이지요

소녀여

내 어머니

파란 하늘엔 흰 구름

푸른 하늘 아래
코스모스 청초하고

분꽃 진분홍빛
분꽃들의 단아한 꽃망울
에
내 어머니 그리운 모습

올망졸망 진노랑 분홍빛
색상이 뚜렷한 분꽃 앞에
한참을 앉아있노라면-

내 어머니는
분꽃은 수줍음이 많아
자주 오랫동안 들여다보면
피어나지를 못한다고
분꽃이 들을세라
조용히 속삭이듯 말씀하셨지요

코스모스는 모여 미소 짓는 소녀들

처럼
싱그럽고 밝은데-

진분홍 진노란 분꽃은
그리운 내 어머니 모습 같기도 하고
단아한 수줍은 처자 같기도 하고

내 어머니 보고 싶다
왠지 시리도록 그리워지네요

바람도 살며시 스치듯
다가와 머물다 가네요

야생화와 들고양이

들고양이들은
초대하지 않았는데도

오고 싶으면 오고
가고 싶으면
있고 싶을 만큼 있다가
인사도 없이 가버린다

들꽃들은
심지도 않았는데

한 아름 하이얀 꽃으로
무리 지어 피어오른다
그 옆엔
이름 모를 보랏빛 야생화들도
소슬바람에도 기대일 곳 없는 듯
들꽃들은 흔들린다

가을의 정령처럼-

서리 내리어
겨울이 오기까지

온몸으로 찬 서리 맞으며

한낮 햇빛으로
온몸을 한스러워
그래야 하는 것처럼

눈이 내리는
눈 오는 날이면
눈을 머리에 이고

눈 속에
파묻히어 꿈꾸며
또 오리라 기약할까

찬 바람 불어
얼음 속에 갇히면 그때야
들꽃들은 몸을 움츠린다

들고양이들은 어디에-

뒷모습

오고 가는
뒷모습

뒤
돌아 가는 모습
은
어딘가 모르게 쓸쓸하다

뒤돌아 가는 모습
뒤태는-
어느 곳이건 어느 누구이건
어느 누구이건 초라하다

그래서인지
이별은-
갈 사람은 서둘러 가나 보다

뒷모습을 보이지 않으려-

어느 한 사람의 이야기가 아닌
우리의 오고 가는 모습이지요

들국화 같은 벗이여

들국화
같은 벗이여

겨울은
벌써 와 있는데
햇빛 따사로운 곳에
아직도
가을은 파르르 떨며 머물고 있네

파란 하늘 아래
찬 서리 걷어낸
한낮엔 은은한 향기로

고결한 자태는
겨울이 오는 길목에서

가을을 보내고
겨울을 맞이하는

들국화 같은 나의 벗이여-

어제는
첫눈이 함박눈이 되어 내리었단다

삶의 조건일까? 소녀여

삶 속에
기쁨과 즐거움도
이 세상
살아가는 조건이라면-

삶 속에 얽매인
슬픔과 괴로움 고난도
이 세상
살아가는 조건이라면-

소녀들 우리들에
주어진 무한한 향상
행복과 때론 행운은요

소녀들의 몫일 수도 있지 않을까
우리들의 몫일 수도 있지 않을까

이 세상
무한한 가능성도 우리의 것이지 않을까

소녀여

마음의 정원

내 마음에 하늘을

내 마음에 호수를

내 마음에 초원을

내 마음에 바다를-

천년을 지내 온
바위에 기대어
바람의 이야기를 듣는다

천년을 지나온
바람은
하늘 바다 호수 초원의 이야기를 듣는다

마음의 정원에 초대하여
하늘 바람 호수 초원 바다의 이야기를 듣는다

우정

향긋한
한 잔의 차

마주 앉아

미소 띤 얼굴
에
정겨운 진솔한 이야기

가끔은
찬란하게
활짝 웃으며
애정 어린 눈길
로

순수의 긍정
매료되어-

너와 나
우리의 만남
은
우정

사랑은 변하여도-
우정은 변하지 않는다면서요

그리워지는 것

너
는
하늘가에

나
는
바닷가에

저
멀리멀리
아득한 곳에

맞닿아 있으면서-

늘
그리워한다

1월과 12월 그사이-

아버지 어머니 눈이 옵니다

아버지 어머니

눈
이
눈꽃처럼… 눈꽃이 되어

함박눈이 내리고 있네요

언제 해도 언제 들어도 좋은 말

소중한 가족 이웃에게 하고 싶은 말

상대를 미소 짓게 하는 말
"고마워"

마음이 하나 되게 하는 말
"당신 덕분이야"
"네 덕분이야"

슬픔을 덜어주는 말
"네 잘못이 아니야"

치미는 분노를 가라앉히는 말
"미안해"

마음의 짐을 내려놓게 하는 말
"걱정 마. 잘될 거야"

충고보다 효과적인 말
"괜찮아. 그럴 수도 있지"

흘린 땀을 헛되지 않게 하는 말

"고생 많았어"
"수고하셨습니다"

상대를 빛나게 하는 말
"당신이 자랑스러워"
"네가 자랑스러워"

어깨에 날개를 달아주는 말
"정말 잘했어"

언제 해도 좋은 말
언제 들어도 좋은 말
"사랑해"

언제나 하고픈 말이지요
언제나 듣고 싶은 말들이지요

소중한 가족에게 이웃
서로를 아는 모든 이들에-
해주고 싶은 말이지요

마음의 온도

그때는 섭섭했는데
지금에 와서는-
왜 섭섭하지 않을까?

그때는 용서가 되었는데
지금에 와서는-
왜 용서가 되지 않을까?

그때는 현명했고

지금은 바보같이 된 건가

지금은 지혜롭고

그때는 바보였을까?

꽃비가 내리는 날이면

자식들
의
고운 말 한마디
가

부모님
가슴에

꽃비가
되어 내린답니다

단비
처럼 내린답니다

창밖
엔 비가 소리 없이 오고 있네요

봄비일까요

착하고 어진 이들

착하고 어진 이들
미안해
하지 말아요

이 세상
살아가는 길목

험한 길
때론
꽃길에 서서

미안해
하지 말아요

누구의 잘못

그대들의
하고자 했던 길
아니더라도요

그렇다고
이 세상 탓으로 돌리기엔

변명 같아
때론- 민망해도요

이 세상
살아가는 길

착하고 어진 이들-
미안해하지 말아요

섬

섬
하면 고립
된
아름다움이 떠오르지요

손길
이
안 닿은
그곳에서만 볼 수 있는 꽃 풀

해풍
을
맞이하느라
바람결에 휘어진 나무들-

바위
들어오는 바닷물결 파도
썰물에
휘말리어 서로 부딪는 바닷소리

개펄
의

생명이 숨 쉬는 소리
조약돌은 밀물과 썰물을 맞이하고

섬마을
무인도
아주 먼 곳에 있는 곳
또는
손 닿을 듯 가까운 곳에 있는 섬들

사람
들은
바다 물결이 일지 않는 섬 섬들을
때론
파도가 일고 있는 섬
하나쯤
마음에 섬을 갖고 있지요

3월의 어느 바람 부는 날

봄을
시새움하는-
꽃샘추위인가 보네요

세찬 바람은
한곳으로 부는 것이 아니라
이리저리 광풍이 되어-
크나큰 잣나무 그 틈새 소나무
그 큰 나무를 마구 흔들어 댄다
아마도
키 큰 소나무 잣나무
온몸을 바람에 내맡긴 양
바람이 부는 대로 휘어집니다

새순이
파릇한 키 작은 작목들은
온몸을 뿌리가 뽑힐 듯하네요
울타리
사철나무는
바다의 파도처럼 꿈틀댑니다

산비둘기

날아오르며-
날갯짓 퍼덕이다 내려앉네요

하늘
먹구름은
세찬 바람이 불어가는 방향으로
흘러가고요
금방이라도
비가 쏟아질 듯 내릴 것 같기도요

길거리엔
한 사람도 없네요

이렇게
창가에 서서
성난 바람을 봅니다

파초의 꿈

햇빛은 찬란하게 비치고

하늘
은
청명하고 드높은데

바람
은
불어와
파초의 잎가에 앉아

파초
의
꿈을 --- 꿈은 ---

파초는 꿈을 꾸네요

우리는
나는
아직도 꿈을 꾸고 있을까

공허로움

허허로운
들판 같은
마음을 안고

길거리에 나서본다

네거리에
도
사거리에
도

인적은 드물다

태양이
떠오른 지 시간이 지났건만-

목련이 피기까지

대지의 숨결처럼

백목련
은
순백색의 순결함으로
고고하게 피어오르면

자목련
도
생동감 넘치게
싱그럽게 피어오르지요

파란 하늘
에
흩뿌려진 안개꽃
안개꽃 같은 구름

백목련과 자목련
은
한꺼번에 피어나지요

백목련과 자목련

피어오르면-
동네를 밝혀주지요

지구의 온도

대지의 숨결처럼

백목련
피고 질 무렵

자목련
힘차게 피어오르지요

소나무 뒤에
수줍은 듯 피어있는 진달래

철쭉꽃
무리 지어 피고 지면

산철쭉꽃
은
애잔한 여인처럼-
시리도록 청초하게
피고 지었지요

이젠 이제는 이젠
꽃들이

한꺼번에 피어오르네요

아마도

지구도요
인류의 성화에
아프고 있나 보네요
시달리고 있나 보네요

사과꽃은
올해에도
두 번 피었을까

뒤안길

우리
는
왠지

불안하고

고독하다

아마도

우리
는
대자연
의
존엄성
을 파괴하나 보네요

힘을 지닌 사람들

숨, 힘을 지닌 사람들
평범
이하로 겸손하다
정직하고 솔직하다

힘을 숨기고 있는 사람들

평범
수준 이하로 겸손하다
어딘가 모르게
밝고 어두움
그늘과 양지를 지닌다

힘을 지닌 사람들
힘을 숨기고 있는 사람들-

외롭다
외로워 보인다
어딘가
모르게 쓸쓸해

보인다

복주머니 하나쯤

세월
의 흔적처럼
등에 짊어진 세파

희로애락
왜 없겠느냐마는-

살아온
세월 담은
복주머니 하나쯤
뒷주머니도 있으려마는-

누군들
크고 작은 복주머니 하나쯤
없겠느냐마는 내어주지 마시게나요

아직도
남은 세월 가다 보면
쉬어가는 길목에 텃세도 내야 한다오

세월에
복주머니 뒷주머니

꼭 품 안에 간직하시구요

옛적에는 복주머니
할머니 허리춤에 있어도-

복주머니 주인은
눈에 넣어도 안 아픈
손주 손녀의 것이었거늘-요

지금에 와서야
복주머니는
늙기도 서러운
자신들의 세상살이 방파제라오

복주머니는
자신들의 살아가는 방파제 일부랍니다

언어의 독설 1

언어
상대방에게 서로를 전달하는 방법
마음의 소리

사고력 미묘한 생각
표현 방법

말만 잘해도 천 냥의 빚을 갚는다는
옛님들의 지혜로운 이야기

언어는
순간 찰나 말 한마디로
사람을 죽이고 살리고
서로를 배반하고 깊은 마음의
상처를 떠안고 평생 아파하지요

언어의 독설은
대중 앞에 서야 하는 이들
화려한 뒤안길에서의 고통
이곳에 있는데
저곳에서 보았다는 음모론 음모설
서로의 모순과 오해와 오해

사실이
아닌 것으로 판정 해명이 된들
한번 퍼져나간 말들은
허공에
얼어붙었다 해빙되어
때론
공기 중에 바이러스처럼 떠돌아
오랫동안
긴 여운에 시달리지요

언어의 독설 2

언어
잘못 전달되면
영혼까지 상처를 ---

잘나서이기보다
타고난 재능이라든가
주위 사람들보다
여러 모양
으로 성과를 거둔 사람들
인정하기까지
가까운 사람들에게
일어난 좋은 일들 인정하고
함께 즐거워 하고 동조하기까지

때론
감추려 해도
꾹꾹 누른들 심술궂게
삐져나오는 시새움

한발
앞선 이들에게
찬사와 인정한단 것은요

타인 자신들의 세계

평범한 일상생활
나날들의 소중함을
귀히 여기는 이들의 살아온 삶에
"잘하고 있어요"
찬사와 인정한다는 것은요

내
품위와 갖추어진
아름다운 인성인데요
뒤틀어진
시새움으로 인한
표현은요

일그러진 언어

언어의 아름다움 그리고 독설

언어의 독설은
듣는 이로 하여금 깊은 상처와
주위를
혼돈과 어두움으로 흔들어 놓지요
분노
시새움이 와전되어
근거 없는 형태로 한 사람
인격이 무너지는 소리를요

언어는
시작부터
헛소문인 것이 증명되어도
받는 이들의 상처 언어의 독설은
당분간 소멸되지 않은 체
허공에
머물다 이곳저곳 빈 곳을 헤매이다
화살이 되어 박혀 듭니다

그래도
우리에겐 서로가
소중하다는 것을요
깨달았을 때에는

늦기도 하지요
너무 늦어요

소중
한 것은 소중한 대로
귀히 여기고
말이 아닌 진솔한
대화가 필요한 이즈음

다정하고 정겨운 말 한마디
아름다운 어진 모든 것
--- 그립습니다 ---

언어의 독설은요
언어의 아름다움 뒤에
숨은 가시 같은 이야기이지요

초여름의 한낮이랍니다

초여름의 한낮

초록 풀밭에 피어오르는
보일 듯 말 듯 하이얀 들꽃들

하이얀 빛으로 내려앉은 햇빛
보일 듯 말 듯 산나리꽃

바람 한 점 없는 풀밭에는

정적보다 더한 투명한 고요
하이얀 흰 나비들은-
향기처럼 날아오르네요

초여름의
꿈결 같은 신비로움 싱그러운
고요한 한낮이랍니다

가을은 저만치 오고 있네요

여름
은
아직 머물고 있는데 ---

가을
은
저만치 오고 있네요

난
배웅과 마중

그럼
안녕히 ---
그럼
안녕-!!

아마존으로
가는 길
아시나요

초판 1쇄 발행 2024. 9. 24.

지은이 페트라 시크(김정자)
펴낸이 김병호
펴낸곳 주식회사 바른북스

편집진행 김재영
디자인 김민지

등록 2019년 4월 3일 제2019-000040호
주소 서울시 성동구 연무장5길 9-16, 301호 (성수동2가, 블루스톤타워)
대표전화 070-7857-9719 | **경영지원** 02-3409-9719 | **팩스** 070-7610-9820

•바른북스는 여러분의 다양한 아이디어와 원고 투고를 설레는 마음으로 기다리고 있습니다.
이메일 barunbooks21@naver.com | **원고투고** barunbooks21@naver.com
홈페이지 www.barunbooks.com | **공식 블로그** blog.naver.com/barunbooks7
공식 포스트 post.naver.com/barunbooks7 | **페이스북** facebook.com/barunbooks7

ⓒ 페트라 시크(김정자), 2024
ISBN 979-11-7263-118-5 03810

•파본이나 잘못된 책은 구입하신 곳에서 교환해드립니다.
•이 책은 저작권법에 따라 보호를 받는 저작물이므로 무단전재 및 복제를 금지하며,
이 책 내용의 전부 및 일부를 이용하려면 반드시 저작권자와 도서출판 바른북스의 서면동의를 받아야 합니다.